MODA
É COMUNICAÇÃO?

Copyright © 2025 by Mauro Fiorani

Todos os direitos reservados e protegidos pela Lei 9.610, de 19.2.1998. É proibida a reprodução total ou parcial, por quaisquer meios, bem como a produção de apostilas, sem autorização prévia, por escrito, da Editora. Direitos exclusivos da edição e distribuição em língua portuguesa:

Maria Augusta Delgado Livraria, Distribuidora e Editora

Direção Editorial: Isaac D. Abulafia
Gerência Editorial: Marisol Soto
Copidesque: Tatiana Paiva
Revisão: Doralice Daiana da Silva
Diagramação e Capa: Madalena Araújo

Dados Internacionais de Catalogação na Publicação (CIP) de acordo com ISBD

F518m	Fiorani, Mauro	
	Moda é Comunicação? / Mauro Fiorani. - Rio de Janeiro, RJ : Freitas Bastos, 2025.	
	160 p. : 15,5cm x 23cm.	
	ISBN: 978-65-5675-489-5	
	1. Comunicação. 2. Moda. I. Título.	
2025-513		CDD 302.2
		CDU 316.77

Elaborado por Vagner Rodolfo da Silva - CRB-8/9410

Índice para catálogo sistemático:
1. Comunicação 302.2
2. Comunicação 316.77

Freitas Bastos Editora

atendimento@freitasbastos.com
www.freitasbastos.com

MAURO FIORANI

Nascido em São Paulo, capital, é mestre em Moda, Cultura e Arte pelo Senac (2007), especialista em Criação Visual e Multimídia pela USJT (2005), especialista em Marketing em Moda pela ESPM (2003) e bacharel em Desenho Industrial, formado pela FAAP (1986). Atua como professor titular do Centro Universitário Anhanguera (Moda e Design), além de ser professor convidado nos cursos livres e tecnológicos do Senac e em programas de pós-graduação nas áreas de Moda e Design. Possui 15 anos de experiência na indústria têxtil e mais de 20 anos em IES, atuando na área de gestão de cursos e dentro de sala de aula. Como coordenador dos cursos de moda e design há mais de 10 anos, participa ativamente do mercado e atua junto ao MEC. Trabalha como consultor nos setores de gestão de varejo, de negócios e gestão de marcas (*branding*). Ministra as disciplinas Ergonomia, Design de Embalagem e Desenvolvimento de Imagem (Identidade Visual), Empreendedorismo, além de Ergonomia do Vestuário, Criação Visual e Desenvolvimento de Produto e de Coleção, Comunicação de Moda, entre outras. É membro do comitê técnico do CONTEXMOD e do comitê técnico do Colóquio de Moda. Além disso, trabalhou e morou fora do país (1988/1989 – Bordeaux/França).

SUMÁRIO

9 INTRODUÇÃO

17 CAPÍTULO 1:
O QUE É MODA?

- 1.1 Moda e formas de manifestação cultural..................17
- 1.2 Linguagem e os sinais de moda na contemporaneidade..................22
- 1.3 Observatório de tendências de moda..................28
- 1.4 Ferramentas de comunicação do varejo de moda..................34
- 1.5 A colaboração do audiovisual no comportamento do consumidor..................37
- 1.6 O empoderamento da moda e suas militâncias..................42
- Considerações sobre o Capítulo 1..................48
- REFERÊNCIAS..................50

51 CAPÍTULO 2:
O QUE É COMUNICAÇÃO?

- 2.1 Cultura, comunicação e suas intersecções..................52
- 2.2 Moda e comunicação de massa..................60
- 2.3 Moda como instrumento de comunicação..................68
- 2.4 Teoria de adoção da moda e sua influência nos consumidores..................77
- 2.5 Teoria de comunicação da moda e formas de manifestação cultural..................88
- Considerações sobre o Capítulo 2..................101
- REFERÊNCIAS..................103

107 CAPÍTULO 3:
AS FERRAMENTAS DE COMUNICAÇÃO DE MODA

- 3.1 O papel da moda nas mídias sociais..................109
- 3.2 Fotografia de moda e editorial de moda..................117
- 3.3 Os principais desfiles..................121
- 3.4 Imprensa de moda na atualidade..................128
- 3.5 Branding e gestão de marca..................134
- 3.6 Visual merchandising..................145
- Considerações sobre o Capítulo 3..................153
- REFERÊNCIAS..................155

159 CONSIDERAÇÕES FINAIS:
ARREMATE & ACABAMENTO

INTRODUÇÃO

Como não poderia deixar de ser nos tempos atuais, fui encontrado por meio uma rede social que eu alimentava esporadicamente atualizando o meu perfil, e foi graças a esse contato inicial, e posteriormente um bate-papo informal, que acabei aceitando o desafio de colaborar com a Editora Freitas Bastos na execução desta obra, intitulada "Moda é comunicação?".

Assim, tive a oportunidade de poder compartilhar com você, caro leitor, as minhas experiências e informações acumuladas ao longo do tempo dentro do universo acadêmico e industrial na área da moda. Foi tudo muito profissional e assertivo – após algumas trocas de mensagens eletrônicas e por aplicativos, ficou acertado que escreveria sobre o universo que trago dentro de mim há mais de trinta anos trabalhando com moda e comunicação, dentro e fora do país, no chão de fábricas e das confecções, criando, desenvolvendo e divulgando as mais diversas peças/marcas do vestuário de todos os gêneros.

Atuo na área acadêmica, seja administrando aulas em várias universidades pelo Brasil afora, seja coordenando e implantando cursos de moda sobre o referido assunto, entre outros tantos de minha competência. Na área industrial, desenvolvendo e criando produtos têxteis, além de divulgar e propagar essas criações em diferentes mídias de comunicação.

O desafio de escrever um livro sempre esteve presente em meus pensamentos. Já elaborei e preparei vários conteúdos (como textos, *podcast* e gravações de vídeos) para serem utilizados em diversas instituições de ensino superior, mas a proposta de escrever um livro de cunho acadêmico é realmente fascinante e sempre me cativou. E, após o convite da senhora Marisol Soto, pensei: por que não?

Então encarei mais esse novo desafio com garra e determinação, a fim de entregar aos leitores desta obra um parecer profissional e envolvente, com uma linguagem atraente e de fácil leitura e compreensão.

SOBRE AS DIVISÕES DOS CAPÍTULOS

Iniciaremos nossa viagem literária procurando esclarecer o leitor sobre o que entendemos ao sermos questionados a respeito do que é moda. Ao longo dos diversos anos dentro de sala de aula, sempre que uma nova turma se inicia, é inevitável a pergunta que elaboro para os calouros: "E, para você, o que é moda?", recebendo as mais diversas respostas e justificativas. Todas com o seu grau de entendimento e de expectativas referentes ao curso. E notamos que, com o passar dos tempos e dos meios de comunicação, as respostas acabam sendo cada vez mais sem direcionamento ou posição crítica sobre o assunto, e sim fruto de alguma informação recebida e aceita como verdadeira.

A moda, para nós, é um mundo regido por constantes alterações de comportamento, de necessidades e de desejos, em um universo que mostra uma incansável evolução na busca de produtos que justifiquem sua existência, isto é, na reestruturação dos frequentes segmentos da indústria da moda. Esse processo é fruto de inúmeras transformações nos valores e rotinas do homem atual, e apresenta-se até mesmo sob outros padrões estéticos do vestuário, obrigando a indústria a reformular antigos conceitos e a própria dinâmica do processo criativo e produtivo.

Já no segundo capítulo, conversaremos sobre os conceitos e discutiremos sobre a força e o poder da comunicação; afinal, os bons dicionários definem comunicação como ato ou efeito de transmitir e receber mensagens e que envolve duas ou mais pessoas. Podemos dizer que se trata do processo de permutar conceitos, gestos, ideias ou conhecimento, falando, escrevendo ou por meio do simbolismo dos sinais e expressões.

Entendemos que o mecanismo que envolve a comunicação divide-se em três qualidades básicas dos seres humanos e se torna possível porque usamos nossa "percepção" para captar as informações; depois "avaliamos" para poder interpretar e compreender a mensagem; e, finalmente, "expressamo-nos" com palavras ou atitudes, baseadas nas reações emocionais provocadas pelo modo como associamos aquela mensagem.

Sendo assim, faz-se necessário prestar bastante atenção nos conteúdos de informação que ganhamos, não somente pelas mensagens diretas, mas também por aquelas que absorvemos entre conteúdos simbólicos, inconscientes e subentendidos, naquilo que chamamos de comunicação além da comunicação. Os estudiosos do comportamento nos avisam que, desde a infância, recebemos, por meio da comunicação, um maior ou menor desenvolvimento psicoemocional.

E, finalmente, mas não mesmo irrelevante, vamos encontrar no terceiro capítulo as ferramentas de comunicação da moda, as quais são capazes de transmitir e receber mensagens articuladas constantemente, realizando somas ou subtrações nas mentes das pessoas com palavras e atitudes vivenciadas hoje, e com as outras palavras recebidas ontem, para apresentar-nos a novos conceitos e conclusões da realidade.

Entendemos que as palavras são filamentos sonoros revestidos de nossos sentimentos, e nossas atitudes são resultado de expressões assimiladas e determinadas pelo nosso comportamento mental. Ao transformarmos essas palavras em conteúdo de audiovisual, possibilitamos externar o processo criativo no qual o *designer* idealizou e como imaginou a sua divulgação.

Discutiremos os meios de comunicação como agentes difusores no cenário publicitário e de divulgação da marca, utilizando tanto técnicas consagradas – como gestão de marca, *merchandising* e editoriais de moda – quanto as mais atuais, que envolvem as mídias sociais, tão abrangentes no universo desse jovem consumidor.

Assim, os capítulos foram se formando tão independentes que podem ser lidos tanto em sequência quanto isoladamente, enriquecendo mais ainda a busca do leitor por esse tipo de informação, tão necessária para seu aprimoramento profissional. Dessa maneira, também serão discutidas as motivações para entender e respeitar o comportamento dos jovens; como eles definem seus estilos, suas atividades e interesses para se manterem sempre atualizados e como e por que compram determinadas marcas e quais fatores os levam a consumir roupas específicas, discutindo o conjunto de valores gerais Pretende-se, com "Moda é comunicação?", contribuir para essas informações.

AGRADECIMENTOS

Agradeço à Editora Freitas Bastos, por acreditar no pioneirismo e arrojo de publicar livros com a temática de moda, dando oportunidade para todos que amam ao acreditarem que moda *é muito mais do que passarelas e holofotes, e*, com isso, possibilitar ao leitor adentrar no imenso universo de possibilidades que temos em atuar nesse rico setor, tanto como capacitadores, divulgadores e especialistas quanto como pesquisadores e interessados em saber mais sobre esse assunto tão envolvente e cativante.

A Marisol Soto, por me encontrar e fazer o convite do desafio de escrever sobre moda e estar junto comigo nesse trabalho, incentivando e acreditando sempre que é possível discutir moda com seriedade e profissionalismo.

Quero agradecer a toda a equipe da editora, por me incentivar na busca do aprimoramento do texto, dentro de meu trajeto editorial, nas sugestões fundamentais de editoração e acompanhamento do projeto.

À minha companheira, amiga, mulher e esposa, Regina Fiorani, que sempre me estimulou a dar voz à experiência alcançada ao longo dos anos de competência profissional, por meio de conversas afetivas e intelectuais, despertando um respeito e amor mútuos, estando ao meu lado períodos de angústias, aflições e disposta a me erguer quando o cansaço e o desânimo ousaram aparecer em alguns momentos ao longo deste livro.

A você, meu pai, que, junto a minha mãe, possibilitou minha vinda ao mundo.

A Deus, que me criou.

CAPÍTULO 1:
O QUE É MODA?

Todas as modas são, por seu próprio conceito, modos mutáveis de viver.

KANT

Ao longo de mais de vinte anos lecionando em cursos de moda em diversas faculdades, tive a oportunidade de debater junto aos estudantes esta questão: o que é moda?

Não temos, à primeira vista, uma clara definição sobre o que é moda. Podemos dizer que a moda é, e se torna, o reflexo do estilo de vida da sociedade da qual e para a qual ela é criada. Sendo assim, acredito que seja a essência e o poder de comunicação e de penetração no subconsciente de quem a consome, os quais não podem ser controlados.

Entendemos a roupa como uma combinação de elementos da decoração corpórea, em que a moda é uma linguagem que plasma ou modela um corpo humano por intervenção da aquisição desse corpo biológico, promovendo nele as consequentes transformações, que, ao serem atuadas, agregam novos sentidos a esse corpo.

Assim, vamos ao debate!

1.1 Moda e formas de manifestação cultural

O conceito de cultura é, até os dias atuais, um dos mais controversos no âmbito acadêmico, sendo muitas vezes estabelecido de forma equivocada no campo do senso comum. Dessa forma, podemos entender como cultura tudo aquilo que é aprendido e compartilhado pelos indivíduos de uma determinada sociedade, possibilitando uma identidade dentro do grupo a que esses indivíduos pertencem. A aquisição e perpetuação da cultura é um processo social, e não biológico, fruto da aprendizagem.

Dessa forma, podemos dizer que, dentro de cada sociedade, o patrimônio cultural recebido de seus antepassados é transmitido pelas gerações mais velhas para as mais novas por meio da educação. Sendo que o termo "educar" aqui se refere ao ato de transmitir valores, conhecimentos, técnicas, modo de viver e tudo aquilo que é mantido como atitude por essa sociedade.

Como manifestação cultural, entendemos o homem como ser social, em uma base de influência de regras, em que a principal é fazer parte do grupo, daí transcorrendo as práticas sobre o consumo baseadas em pressão social. Como ser emocional, em um alicerce que pode ser tanto consciente quanto inconsciente, daí decorrendo as práticas sobre o consumo baseado na excitação, supondo-se que níveis não racionais dominam o comportamento. Como ser racional (ou inteligente), o homem exerce sobre o consumo sua razão, no intelecto, na comparação de lucros e perdas, nos processos de custo-benefício.

Logo, o ser humano é:

- Positivo, pois seu comportamento é ditado pela razão.
- Emotivo, sendo movido por afetos conscientes e inconscientes.
- Social, já que sofre o impacto das regras do grupo.
- Dialético, uma vez que é instigado por oposições.
- Complexo, pois é motivado por determinações e indeterminações de vários níveis.

Ao analisarmos cronologicamente as manifestações culturais com as quais a moda interagiu, vamos notar sua presença marcante e envolvente ao longo dos tempos. Notamos que o vestuário se destacava como parte integrante de rituais e distinções sociais. No início, encontramos os homens das cavernas manifestando-se para os demais de uma forma bastante visual, em que o líder do grupo se vestia com a pele de um animal feroz, o qual ele havia derrotado, demonstrando para todos que "ele era o cara" a ser vencido. Da mesma forma que as mulheres dessa tribo se ornavam de flores e sementes para chamar a atenção de novos pretendentes.

Com efeito, desde o momento de seu nascimento, o homem é moldado para pertencer a um determinado grupo. O estado de nudez nos remete à visão cristã de pureza, estado anterior ao pecado original, visto que o homem, quando inserido no contexto cultural, reveste e decora seu corpo, potencializando sua dinâmica no processo da comunicação, selecionando, para isso, partes específicas do corpo que devem ser ocultadas ou reveladas.

Segundo o conceito bíblico ao criar o homem, Deus o fez para reinar sobre as outras criaturas; logo depois, criou a mulher para ser sua companheira de aprendizado e: "O Homem e a Mulher estavam nus, e não se envergonhavam" (Gênesis 2, 25. Bíblia Sagrada. Grifo meu). E as escrituras narram ainda que: "A mulher vendo que o fruto era bom para comer e de aspecto agradável e muito apropriado para abrir a inteligência, tomou dele, comeu, e o apresentou ao seu marido que comeu igualmente. Então seus olhos abriram-se e, vendo que estavam nus, tomaram folhas de figueira, ligaram-nas e fizeram cinturas para si" (Gênesis 3, 6 - 7. Bíblia Sagrada. Grifo meu). A nudez, o estado natural do homem, é ocupada pela cultura desde a primeira aparição do sujeito, quando nasce, pela decoração corpórea e por conta da vestimenta que o acompanha até a morte. Temos, então, as três características significativas do vestuário: proteção, adorno e pudor.

Foi somente na Idade Média que surgiu a palavra e o conceito de moda no sentido que conhecemos hoje – movimento cíclico, mudança permanente na forma de trajar –, dando início, então, ao princípio da imitação e da distinção. Do latim "*modus*" (maneira, medida), o termo "moda" designa, desde 1393, maneira, depois jeito ("*façon*", em francês, que evolui para o termo em inglês "*fashion*"). Em 1482, aparece pela primeira vez com o sentido de "maneira coletiva de se vestir". E vestir-se "*à nova moda*" torna-se, em 1549, o "estar na moda", que perseguimos incessantemente cada vez que abrimos o guarda-roupa e procuramos formas e meios diferenciados de nos expressarmos, de articularmos crenças e criarmos vínculos sociais.

Com o passar do tempo, o mundo do trabalho se fragmentou em múltiplos processos organizados em rede. Hoje a moda está mais próxima daquilo que o velho Marx apontava como o papel do delinquente no mundo burguês.

> O delinquente produz urna impressão de caráter moral, e às vezes trágica, estimulando dessa forma a reação dos sentimentos morais e estéticos do público. Além dos manuais de direito penal, de códigos penais e de leis, produz arte, literatura, novelas e inclusive tragédias. O delinquente introduz certa diversão na monotonia e na serena tranquilidade da vida burguesa, defendendo-a contra o marasmo e provocando essa tensão inquieta, esse dinamismo do espírito sem o qual o próprio estímulo da concorrência acabaria por se embotar (Marx, 1974).

Como o delinquente, que aparentemente nada produz e, no entanto, enlaça tantos trabalhos úteis para a manutenção da ordem, a moda surge como a culminância de uma cadeia produtiva que une o longínquo mundo rural e o guarda-roupa do mais ocioso membro do chamado *beautiful people*[1], alinhavando centenas de elos que ligam em um só destino a indústria petrolífera, a química, a têxtil, as confecções, milhares e milhares de artesãos (costureiras), a cadeia do couro e calçados, a indústria metalúrgica, os *shopping centers*, os lojistas, as agências de publicidade e, claro, os influenciadores digitais, as televisões, as modelos, os estilistas. Assim, conseguimos perceber a importância dessa cadeia têxtil, que exerce tanta influência no comportamento e nas atitudes desse usuário que busca constantemente ser capaz de representar determinada marca.

De fato, a moda só aparece para o grande público na qualidade de conjunto de objetos que produz agitação frenética no seu entorno, envolvendo modelos, estilistas, artistas e jornalistas em uma infinidade de acontecimentos dos quais estão excluídos os comuns dos mortais. Muito antes da época da moda industrializada, movimentos estilísticos no vestuário ocidental estavam desfrutando uma importância emocional profunda, oferecendo um modelo visual dinamicamente poético para as vidas dos indivíduos e tornando a moda ocidental amplamente revelada como um novo império.

O termo "império" como formas de manifestação cultural trata das questões econômicas, por causa dos números exorbitantes dos lucros líquidos de grandes conglomerados, como o império da LVMH, por exemplo, como pode se relacionar às

---

1   *Beautiful people:* expressão utilizada no meio da moda para destacar um grupo de pessoas sem nenhum comprometimento e despreocupadas com os acontecimentos externos do mundo. Pessoas alegres e divertidas, porém, sem muito conteúdo social-político.

representações e práticas próprias da moda, que ocupa vários setores da sociedade, exercendo influência e sendo influenciada por eles. Tais influências podem ser percebidas e usadas na construção da identidade por meio da moda, conforme o princípio da afirmação assinala.

1.2 Linguagem e os sinais de moda na contemporaneidade

Tendo a moda como aliada, a sociedade pós-moderna encontrou respaldo para acentuar as questões acima, na busca incessante pelo novo, optando pela distinção ou imitação. Diante disso, com a nova consciência global, a moda agora atrai civilizações que nunca tiveram uma história de ciclos de moda e que tinham orgulho disso.

> Na moda, em sua fase inicial, a imitação é referenciada pelas diferenças de classe. É a nobreza que inventa e produz novidades, muitas vezes em função das próprias constituições corporais de seus integrantes ou ainda do sentido conferido a determinadas cores ou formas como signos de poder e riqueza Poderosos governantes, reis, pessoas importantes do mundo político lançaram modas sem ter a intenção de fazê-lo (Mesquita, 2000).

Svendsen (2010) assegura que a moda deixou de seguir a coerência de substituição – na qual uma tendência substitui a outra – para dar vez à lógica de suplementação, com tendências recicláveis. Assim, uma nova não necessariamente ocupa o espaço da outra ou a elimina, permitindo que o velho e o atual possam coexistir. Além disso, Pierre Bourdieu afirmava que os membros da classe operária não tinham acesso aos bens culturais e de consumo da classe média e alta, e, por isso, as diferenças nas formas de se vestir se mantinham, fazendo com que aqueles pertencentes às classes operárias usassem roupas que durassem mais tempo e fossem mais funcionais.

A moda apresenta sinais de linguagem quando tem suas próprias virtudes relacionadas àquelas da liberdade individual e da imaginação sem censura que ainda são subjacentes aos ideais democráticos. Fica cada vez mais interessante o diálogo a que o homem se dispõe com o ambiente em que vive; afinal, é na sua maturidade que realmente se projetam suas verdadeiras características. Muito embora tenhamos exemplos de crianças cada vez mais certas e resolvidas a respeito de com que roupa irão a um evento social, muitas vezes programado por elas mesmas, fazendo questão de se sentirem na moda e utilizar as peças que estão acontecendo naquele momento específico, demonstrando estar atentas aos aspectos modais. Para muitos, essa situação, em que nossas crianças escolhem a própria roupa, gera certas atitudes com as quais sabemos como nos comportar.

De fato, o esforço psicológico em fazer escolhas que estejam na moda é para muitos repulsivo. As exigências sociais que essas escolhas demandam têm, algumas vezes, sido vistas como violações da liberdade, como se uma liberdade maior realmente existisse, em que umas poucas regras simples são seguidas e respeitadas por todos no grupo. A escolha pessoal tem a mesma abrangência limitada para todos, e as revelações inconscientes são mínimas.

Nas civilizações pré-modernas, a aparência era padronizada de acordo com os critérios habituais, de modo que alguns adornos faciais ou na vestimenta eram informações de individualização, mais pertinente à identidade social do que à pessoal. Ainda hoje esses dois tipos de identidade aparecem associados, e é possível expressar gênero, classe e *status* ocupacional, porque as formas de se vestir sofrem influências do grupo, da propaganda e dos recursos socioeconômicos, que contribuem, às vezes, mais para padronização do que diferenciação individual, por mais que a escolha de roupa seja livre.

Giorgio Agamben (2009), ao discutir os sinais de "O que é o contemporâneo?", cita como exemplo que a moda é atemporal e produz uma descontinuidade no tempo, visto que o "agora" da moda não é identificado por nenhum tipo de cronômetro, está localizado entre um "ainda não" e um "não mais"; é um tempo que está adiantado em relação a si mesmo.

Entre esses sinais que a moda apresenta, com abordagens sedutoras, a semiótica parece a mais rebuscada, pois confere à moda o estatuto de um departamento da linguagem geral dos signos. Mas a semiótica, no caso, é também de grande cumplicidade com os aspectos mais perversos do seu objeto, pois silencia sobre o mundo da produção. Perversidade que vai das formas mais arcaicas de remuneração do trabalho (salário por peças, por exemplo, tão usual nos primórdios da revolução industrial e que permanece na cadeia da moda). Perversidade que faz do usuário o objeto da roupa, pois o "estilo" é antes de tudo um discurso que se debruça sobre o corpo, tecendo uma pele cultural para o sujeito, desenvolvendo a sua segunda natureza táctil e visual.

No panorama da moda contemporânea, assim como na sociedade, concentra-se a sociologia da moda, por exemplo, que procura estudar o sujeito nos processos de grupo e diante das normas às quais é submetido. Entendemos que o sujeito não deixa de ter um "eu" na sua essência interior, mas esse eu é construído por meio da sua relação com a sociedade, entre o interior e o exterior, entre o mundo público e o privado. Contudo, isso vem se modificando, e o sujeito está se tornando fragmentado, formado por várias identidades que podem ser contraditórias. Bauman (2005) diz que, se, por um lado, a busca pela identidade é o anseio por segurança – porque a experiência de viver "sem apoio em um espaço pouco definido" pode produzir ansiedade em longo prazo –, por outro, viver em uma posição fixa diante de diversas possibilidades não aparece como uma decisão atraente.

Ao utilizar a metáfora do quebra-cabeça, o autor faz uma analogia que, no caso do jogo, é possível juntar as peças sabendo qual imagem será formada, pois ela aparece impressa na capa, podendo-se, assim, ir examinando cada etapa para saber se o processo está saindo de forma correta; no caso da identidade pessoal, como ele apresenta, é um quebra-cabeça incompleto, porque nunca se saberá quantas peças faltam para que se complete. As peças podem até ser reunidas de forma significativa, mas não há uma prévia da imagem que será formada e, portanto, diferente do jogo, que é orientado para um objetivo específico; a identidade apresenta um trabalho direcionado para os meios.

Dessa forma, percebemos que esses sinais remetem o sujeito a uma busca constante de identificar e se "misturar" nessas diversas camadas da sociedade sobre as quais a moda exerce certa influência, levando o indivíduo a se posicionar, o que, às vezes, para ele, é algo multifacetado, uma vez que a cada dia surgem novas opções de engajamento que são apresentadas em suas redes sociais.

Uma forma de perceber o dilema dessas múltiplas possibilidades de identidades, que são apresentadas nesses sinais que muitas vezes são contraditórios, é apontada por Svendsen (2010), quando ele apresenta como exemplo uma situação com duas pessoas: uma está usando um traje sadomasoquista, e a outra, uma roupa militar, assegurando que é possível fazer conclusões de que a primeira tenha preferências sexuais voltadas para esse tipo de fetiche, e a segunda tenha algum trabalho ou afiliação relacionada a um serviço militar. No entanto, o problema atual é que os estilos de moda se massificaram tanto que também aderiram a estes elementos no vestuário – o do fetiche e do militar, que, mesmo sem terem identidade correspondente a esses aspectos, foram aceitos pela sociedade, tornando tais conclusões duvidosas.

Podemos citar mais dois exemplos que podem ser apontados para elucidar a questão da identidade e da moda sujeita ao social: o dandismo e o antimoda, originários da moda oposicionista – uma postura independente quanto ao vestuário perante as tendências contemporâneas. O dandismo caracteriza-se pela busca de um estilo autêntico e individual que vai de encontro ao vaivém da moda, fazendo oposição aos códigos e normas vigentes, em uma condição de anarquia revelada por meio das roupas incomuns. Já a antimoda é uma atitude completamente oposta à moda predominante, portanto é preciso conhecê-la e deixar-se absorver por ela, para que a oposição possa ser exercitada.

Sabemos que o vestuário é um componente da cultura material da empresa que demonstra seus valores e conceitos. Para Sant'Anna (2007), "a moda situa-se no campo do imaterial, entretanto sua materialidade e expressividade dão-se através do vestuário". A moda e o vestuário, ou outros produtos materiais da moda, compõem, então, uma linguagem de moda, ou seja, uma maneira de comunicar a consciência/conceito da marca.

Linguagem de moda é o sistema por meio do qual o homem confirma suas ideias e pretensões, seja por meio da fala ou da escrita ou de outros sinais convencionais. No dia a dia, o indivíduo utiliza a linguagem verbal e não verbal. Isso alarga a importância dos produtos da moda, porque esses são componentes de uma linguagem, sugerindo os textos pessoais e culturais como registros históricos do caminho de um sujeito, ou de uma cultura. Uma das maneiras de a marca se comunicar com seus clientes é por meio das vitrines apresentadas em suas lojas físicas, que são a consciência da marca.

Figura 1.1: Vitrine de loja

Foto de autor desconhecido licenciada em CC BY-SA.
Fonte: Creative Commons. Disponível em: https://creativecommons.org/licenses/by-sa/4.0/.

Ao vender um produto, vende-se também um conjunto de valores, expectativas e emoções. Os conceitos reunidos aos produtos estão abordados tanto em aspectos funcionais quanto em afetivos e subjetivos. Os compradores procuram produtos ajustados a suas expectativas e desejos e que, ao mesmo tempo, sejam análogos à sua autoimagem.

A moda pode dar ao indivíduo a oportunidade tanto de se associar a um grupo quanto de se diferenciar de seus membros. Tomemos como exemplo o estereótipo de estudantes de certos cursos e de profissionais de algumas áreas. Segundo Bhabha (1998): "O estereótipo é um modo de representação complexo, ambivalente e contraditório, ansioso na mesma proporção em que é afirmativo, exigindo não apenas que ampliemos nossos objetivos críticos e políticos, mas que mudemos o próprio objeto da análise".

Esses estereótipos são notados em uma instituição de ensino superior, onde se encontram os mais diversos tipos de cursos, e basta olharmos para os alunos, e identificaremos a área em que atuam apenas por conta do vestuário que estão usando. Se notarmos um grupo de alunos trajando vestimenta social, como terno e gravata, logo imaginamos ser da área de direito ou administração. Em contrapartida, ao nos encontrarmos com outro grupo cujo traje é mais despojado e solto, pode-se tratar da área de humanas, como estudantes de história ou pedagogia. Agora, um grupo que se posiciona com cabelos coloridos, roupas descoladas e atitudes de vanguarda, com certeza, será de alunos das áreas de *design*, moda e comunicação.

A modernidade oferece ao indivíduo inúmeras opções e, portanto, o coloca diante de escolhas constantemente, oferecendo pouco suporte para que saiba qual é a melhor opção.

São esses os sinais que a moda contemporânea apresenta por meio do uso de linguagem própria e específica para demonstrar aos seus usuários o seu papel de representatividade na sociedade atual.

1.3 Observatório de tendências de moda

A moda, como sistema, atende aos conjuntos de produção, desenvolvimento e comunicação. A visão da moda como uma instituição compreende mais do que as etapas de produção de vestuário e as pessoas envolvidas nos processos; abrange cada etapa produtiva na qual ocorre o conceito e a prática da divulgação, como a imprensa de moda, propaganda, *branding*, criação e varejo.

Assim, o conceito comum de tendência implica um caminho a ser seguido, e uma vez definindo a direção que a coleção deverá alcançar, ao ser lançada, mediante a tendência que seguiu, e envolvendo na coleção algo que tende a crescer e tornar-se um padrão. Pelo contrário, uma tendência – mais especificamente uma tendência de moda – raramente será padronizada, pois sua característica é ter sempre o significado simbólico de novidade. De uma forma geral, a tendência é associada às ideias de moda e à novidade, assim como às ideias de antecipação e incerteza.

A língua inglesa proporciona duas palavras desiguais para tendência: *trend* e *tendency*. O que não ocorre em outras línguas, como, por exemplo no português e no alemão. A diferenciação em regra define a palavra "tendência" (*trend*) em relação às ideias de novidade e de moda efêmera, enquanto o outro significado da palavra tendência (*tendency*) é o que mantém associações a áreas como estatística e psicologia, referindo-se a uma predisposição de longa data. Portanto, uma tendência (no sentido geral da palavra) é a inclinação predisposta para algo, alguém ou alguma situação que provavelmente acontecerá no futuro próximo.

As tendências de moda são fenômenos que pertencem tanto ao gosto, quanto ao estilo. Segundo Lipovetsky (2007), são convergências de desejos e de gesto, caracterizadas por ciclos de variável duração e rápida modificação. Contudo várias pessoas não seguem as tendências que são ditadas pelos *bureaux* de estilos em oposição à expressão da própria individualidade, em que não se sujeitam a seguir os padrões preestabelecidos. Muitas dessas pessoas desfavorecem as tendências, considerando-as seguidas pelas massas, e não querendo se sujeitar a se padronizar como fazem as demais.

Partindo da ideia de instaurar uma diferença, a moda trabalha com particularidades de tendências, como, por exemplo, as sazonais. Que são aquelas que aparecem em determinadas épocas do ano, estimulando a venda dos produtos de tempos em tempo, tais como: Dia dos Namorados, Dia das Mães, Natal, por exemplo – quando os lojistas se preparam para colocar em suas vitrines a coleção especificamente elaborada para aquela ocasião.

Dessa forma, conseguimos verificar facilmente quando essas particularidades são assumidas por grupos, seus integrantes tornam-se "iguais", justamente pelo movimento de aderência coletiva. Aderência esta realizada por meio dos inúmeros meios de comunicação, que cada vez mais se profissionalizam, na divulgação daquilo que acreditam ser moda. Sendo assim, constata-se que a mídia propaga a existência de uma "moda", mas a moda, por sua vez, padroniza grupos inteiros, deixando de ser ressaltada a diferença inicialmente proposta.

"A moda é a deusa das aparências", diz Mallarmé. Chegamos a crer que a moda (e gerações de escritores e milhões de jornais contribuíram para essa crença) é uma deusa misteriosa a cujos decretos devemos obedecer mais do que entender. Passamos a nos nortear, consciente ou inconscientemente, pelas tendências e as aplicamos em nosso dia a dia, sejam elas no que diz respeito à nossa vestimenta ou até mesmo no nosso padrão corporal, pois almejamos pertencer a uma sociedade que nos exclui e inclui na razão direta de como nós nos apresentamos. As tendências estão sempre atentas aos acontecimentos, criando em volta do movimento de moda toda uma infraestrutura objetivando a atender aos interesses dessa grande massa de consumidores. É o que nos diz Flügel, quando afirma:

> Com o surgimento primeiro da burguesia e depois da democracia, a moda se espalhou inevitavelmente de cima para baixo, até que finalmente toda a comunidade ficou mais ou menos envolvida como no caso de quase todos os países progressistas de hoje em dia. Entretanto, surgiu um número de novas influências tendentes a manter a moda. Entre as mais importantes, figura uma de ordem definidamente econômica, como a moda se

espalhou, de cima para baixo, a todas as classes, grandes e poderosos interesses, comerciais ficaram envolvidos e grandes indústrias foram construídas para abastecer o constante fluir dos novos trajes exigidos pela moda. Também isto cria um estímulo em ambos os extremos da escala da moda (Flügel, 1996).

À medida que o mundo da moda obtém, dentro de uma escala dos nossos valores, um percentual significativo e às vezes primordial, desenvolvem-se verdadeiros impérios em todos os campos – de toda a cadeia têxtil até a divulgação do produto no ponto de venda. Pois estar na moda não se resume apenas a uma boa cultura do traje, mas sim em estar atento – mediante padrões preestabelecidos pela força poderosa da mídia, sem a qual a moda não manteria a chama de seu *glamour* acesa – aos mais importantes segmentos da nossa época.

É óbvio, portanto, que, ao abordarmos a moda, temos que considerar não somente os criadores individuais de roupas, mas todo o circo à sua volta, como também a mentalidade de grupo dos que as usam e se projetam. Essa mentalidade de grupo oferece alguns fascinantes problemas para o psicólogo social. Sustentou-se várias vezes que as contínuas coleções de moda expressam de certo modo o "espírito da época"; mas, quando se chega a contar em detalhe como esse espírito se manifesta na moda, as explicações oferecidas são frequentemente vagas e desapontadoras. Na verdade, provavelmente seria necessário um estudo mais profundo (com a colaboração de um historiador e um sociólogo) antes que pudéssemos explicar a total significação social das mudanças detalhadas da moda de um ano para outro. Contudo o sentido de certas alterações fundamentais, em longos períodos, parece bastante claro.

Entretanto, Baudrillard (1997) acredita que o pensamento de busca de diferenciação social por meio do consumo é outro engano, já que a distinção entre as pessoas e os grupos não se manifesta somente naquilo que elas mostram exteriormente. As experiências constituem o sentido da moda, porque têm um significado, e o seu uso é capaz de conduzir a relação das pessoas com as roupas. Apesar de a globalização ter, a certo ponto, homogeneizado os gostos e modos de vida, isso não ocorre de forma igualitária em todos os cantos do país sobre uma uniformização das consciências pela moda.

Segundo os observatórios de tendências, há uma grande procura dos novos usuários, que buscam na moda serem representados também; assim, destacamos o contexto atual das práticas sustentáveis para a área de moda e comunicação:

- <u>Moda consciente:</u> o consumidor consciente, a cada dia mais, vai atrás de produtos que fazem uso de tecidos sustentáveis. A indústria da moda é uma das mais poluentes no mundo, afetando o meio ambiente em toda a cadeia têxtil e gerando efeitos na natureza. Ao longo de toda a cadeia têxtil, são grandes os impactos ambientais: o aumento do consumo de água, a contaminação do solo com os dejetos que são descartados, o aumento de gasto energético, a emissão de poluentes e resíduos sólidos na atmosfera, entre outros. Portanto, algumas marcas têm escolhido para suas coleções tecidos que causam pouco impacto ambiental, então buscam inovar em seus processos, investindo em peças que não prejudiquem animais, pessoas e meio ambiente.
- <u>Impacto têxtil:</u> em cada nova coleção, criam-se tendências diferenciadas, fazendo com que o consumo se torne desenfreado. Umas das medidas que o setor têxtil pode realizar para diminuir esse impacto é utilizar o conceito de sustentabilidade, desenvolvendo novos

procedimentos produtivos ao reaproveitar e reciclar os retalhos de tecidos.
- Mudanças na maneira de consumo: com a pandemia, vimos a aceleração da forma como consumimos. Aprendemos a confiar nos aplicativos de entrega e a realizar compras de peças de vestuário por meio das redes sociais, certos de que essas mudanças já vinham acontecendo em tempos e tempos. Logo aprendemos a entender de onde vem o que consumimos e qual é a maneira como são produzidos esses artigos. Assim, os consumidores cada dia mais valorizam o uso da matéria-prima, da qualidade da peça e da maior consciência ambiental.
- Movimento *slow fashion:* o movimento *slow* (devagar) *fashion* está em plena ascensão. Trata-se de uma moda ética que tem como objetivo a diminuição do ritmo de trabalho acelerado, dando melhores condições de trabalho e desenvolvendo uma moda que contribui intensamente para a sustentabilidade.
- Circularidade no mercado da moda: podemos destacar, neste tópico, o aumento de compras de roupas em brechós, incentivando consumo consciente e a moda sustentável. Da mesma forma que se incentiva o consumidor a "reciclar" o seu guarda-roupa.

De uma maneira ampla, pôde-se notar, por meio desses observatórios de tendência, que a moda proporciona muito além da roupa, dada a quantidade de categorias e temáticas diferentes decorrentes do setor. A moda tem um discurso muito favorável, apreciado pelos integrantes do grupo, e, para eles, o vestir pode ser uma ação política, social, de classe, de imagem profissional, de manifestação; pode ser uma ferramenta de pertencimento, mas também uma ferramenta de diferenciação, bem como apenas uma questão estética e um seguimento de tendências de moda.

1.4 Ferramentas de comunicação do varejo de moda

À medida que os clientes recebem as informações – de uma maneira cada vez mais digital e tendo mais opções de escolha e independência na hora da compra –, algumas ferramentas de comunicação no varejo de moda acabam se tornando o fiel da balança, atraindo atenção do mundo dos negócios, sendo que o uso da *internet* se tornou imprescindível. O comércio eletrônico (*e-commerce*) surge nesse contexto, acirrando a concorrência e se colocando como um mercado que oferece altos identificadores de crescimento de uma maneira geral. As infinitas oportunidades do mundo virtual apontam para uma necessidade de busca a respeito dos hábitos de consumo do usuário. A influência dessas ferramentas em novas formas de comunicação está cada dia mais presente e gerando oportunidades de relacionamento e interatividade entre marcas e clientes.

Um modo a fazer com que seus produtos cheguem aos consumidores, é utilizando da estratégia do *merchandising*, que são atuações comerciais de divulgação dos produtos por meio da coordenação das ações da gestão dos *designers* e de todos os envolvidos na comercialização, o que inclui os responsáveis pela criação de catálogos, publicitários, fotógrafos, modelos, coordenadores de desfiles, especialista de moda, entre outros.

O mercado da moda é composto pelo setor atacadista e varejista. Analisando sob uma perspectiva de comunicação, todos os pontos de contato do consumidor servem como interesse para edificação da marca. A distribuição deve ter uma extensão estratégica em seu posicionamento, para que o produto possa chegar ao cliente.

O varejo é o ponto que conecta a fabricação ao consumidor. Diversos fabricantes preferem abrir lojas próprias (físicas), de modo a terem melhor controle de todo o processo, além de conseguirem avaliar novas ideias e terem mais oportunidades de fidelizar os clientes. Essa prática é muito corriqueira na Europa, onde estilistas como Armani, Ferragamo e Chanel possuem lojas próprias há muito tempo.

Varejistas desenvolvem suas próprias marcas, e os produtos são, então, apresentados em lojas, por catálogo, *internet* e televisão. No varejo, o sucesso da moda é ajustado por meio do volume de compras bancadas pelos consumidores. A gestão de uma loja de varejo demanda capacidade administrativa, uma logística ampla e bem executada, localização apropriada e a criação de um ambiente agradável ao consumidor. O varejista precisa ter visão e competência para executá-la com eficiência. Podemos citar como exemplos de negócio de varejo de sucesso as marcas Zara e H&M, que cresceram e se tornaram potências globais.

O segredo do sucesso do varejo se encontra em saber focar o público destinado e entregar o que ele deseja no tempo hábil e preciso. Com o consumidor cada vez mais selecionado e decidido no que pretende consumir, que busca comodidade e variedade de ofertas, foram criados os *shopping centers*, centralizando, em um único local, diversas marcas e produtos, oferecendo conforto e segurança ao consumidor. Em seguida, surgem os centros especializados em moda, trazendo oportunidades de comercialização de diferentes marcas e produtos. Com os *outlets*, o consumidor tem a facilidade e conforto dos *shoppings* atrelados a um custo mais acessível, enquanto nas lojas especializadas, pode-se demonstrar para os clientes qual conceito a marca busca apresentar em cada coleção.

Destacamos também a mudança de comportamento de compra do consumidor, ao confiar mais nas lojas virtuais e nos meios digitais, como aplicativos e *internet*. O consumidor, sem sair do conforto de seu lar, tem seus desejos atendidos sem a necessidade de ir até as lojas físicas. E, com essa comodidade de compra e confiança na entrega, houve um aumento no varejo de produtos de moda.

A tática de comunicar seus produtos em harmonia com as vontades dos consumidores leva as empresas à busca diária de novas formas de se comunicar, e sempre inovando para se conservarem competitivas. Ferramentas e estratégias de mídias atuais são itens empregados repetidamente, para não só entender melhor os clientes, mas também originar informações relevantes para os consumidores a qualquer hora, quando eles precisarem.

Posner (2015) analisa como é abordada a comunicação para as marcas de moda:

> Grande parte da cobertura dos meios de comunicação é dedicada a informar cada aspecto do mundo da moda: editoriais de moda, elaborados em estilo belíssimo, exibem as criações de visuais estonteantes das novas coleções da estação, e as revistas ostentam inúmeros anúncios em papel *couché* brilhante, que divulgam uma variedade de roupas, acessórios e perfumes. A indústria da moda abraçou a moda digital, usando-a para aumentar a percepção do produto e as conexões entre as marcas, as etiquetas e os clientes (Posner, 2015).

Em sintonia com a produção, o *marketing* acompanha todas as etapas e determina os locais em que a coleção será comercializada e alcançará a comunicação e divulgação junto ao público, por meio dos canais estratégicos para atingi-lo, como, por exemplo, uma loja de rua.

Figura 1.2: Vitrine de loja de rua

Foto de autor desconhecido licenciada em CC BY-ND.
Fonte: Creative Commons. Disponível em: https://creativecommons.org/licenses/by-nd/3.0/.

A moda é um dos maiores meios de comunicação de uma sociedade, sendo que os consumidores – assim como as marcas – são os grandes protagonistas dentro desse processo, o que nos leva a crer que sempre estarão à frente dos estudos que envolvem a comunicação de moda.

1.5 A colaboração do audiovisual no comportamento do consumidor

Não dá para falar sobre moda sem falar sobre consumo. Por isso, esta discussão é fundamental para entender a lógica de seu sistema e o próprio funcionamento do mercado de moda. No *marketing* de moda, o valor percebido pelo cliente pode ser oriundo do próprio produto ou da experiência de consumo. Então há o valor baseado no preço do produto, na qualidade, na relação qualidade *versus* preço ou na relação custo-benefício, isto é, o quanto compensa se obter um produto quando se avalia sua aparência, acabamento, durabilidade e demais fatores (Cobra, 2010). Os simbolismos agregados aos produtos estão apoiados tanto em aspectos funcionais quanto em aspectos afetivos e subjetivos. Os consumidores buscam produtos compatíveis com suas expectativas e desejos e que, ao mesmo tempo, sejam congruentes com sua autoimagem.

Em um mercado saturado como o da moda, no qual marcas iniciantes – e com capital reduzido – competem por atenção com as de nome já consolidado no mercado, esse é o caminho para a fidelização do cliente. Não estamos falando aqui de grandes marcas, cujo nome vende por si só, mas daquelas de pequeno e médio porte, que desejam se inserir no mercado. Desse modo, é necessário que o(s) responsável(eis) pela comunicação tenha(m) uma ideia muito clara do seu consumidor, para criar uma mensagem que faça sentido em um diálogo com ele. Informações demográficas como sexo, idade e renda atualmente importam menos do que o mapeamento dos perfis de consumidores e das tendências de comportamento de consumo.

Os consumidores passivos são aqueles facilmente influenciáveis, que têm muito acesso à informação de moda e confiam na opinião dos criadores de conteúdo das redes sociais e de personalidades famosas (cantores, atores etc.). Por fim, os retardatários são uma parcela mais conservadora, que espera uma tendência estar massificada para segui-la, ou busca versões menos ousadas dela.

Muito tem se falado sobre a importância do uso de novas tecnologias para a divulgação dos produtos de moda a serem apresentados aos consumidores e que despertem e atraiam sua atenção, interesse e desejo. Notamos que o consumidor atual tem suas motivações para a procura de determinadas pretensões e para a sua realização pessoal.

O modo como o consumidor passou a adquirir e procurar produtos que lhe tragam benefícios e satisfação aumentou consideravelmente após a pandemia. Até então, esse modo de compras virtuais, principalmente na área têxtil, era pouco confiável e bastante desacreditado. E, devido ao isolamento, passou-se a acreditar mais nos aplicativos de entrega, e atualmente é quase que impossível viver no mundo sem esses aplicativos de compras.

Destacamos também, como influências externas, as incisivas campanhas publicitárias, realizadas em mídias televisuais, revistas e *sites* de notícias, que bombardeiam de informações a fim de que, com essas propagandas, possam convencer o público, demonstrando algum produto ou serviço com um valor extremamente expressivo e importante para os indivíduos. Apostando no poder de comunicação por meio do qual o audiovisual seduz o consumidor, as marcas atraem os consumidores para que eles se sintam valorizados com essa iniciativa.

O mercado está se modernizando à medida que mais e mais pessoas se conectam à *internet* todos os dias, compartilhando informações sobre produtos e serviços com consumidores espalhados pelo mundo. Por causa disso, é capaz de criar vínculos entre consumidores e marcas, gerando trocas de valores.

O uso da *internet* é cada vez mais indispensável para auxiliar e despertar estas relações, porque:

> O desenvolvimento dos meios de comunicação cria formas de ação e de interação e novos tipos de relacionamentos sociais – formas que são bastante diferentes

> das que tinham prevalecido durante a maior parte da história humana. [...] O uso dos meios de comunicação proporciona assim novas formas de interação que se estendem no espaço (e talvez também no tempo), e que oferecem um leque de características que as diferenciam das interações face a face (Thompson, 2011).

Como uma forma de pesquisa e de relevância que seu conteúdo apresenta, destacamos o YouTube (que supostamente veio substituir a TV), que segue o mesmo sentido da mídia televisual, fazendo do uso do audiovisual uma maneira mais eficaz de levar sua proposta, tornando-a mais atrativa e comunicativa com seu público, que cada vez mais cedo entra nas redes sociais. Ultimamente o YouTube tem sido a ferramenta de pesquisa mais procurada, mais do que o próprio Google, por apresentar não somente um texto e fotos alusivas à busca, mas por permitir que o usuário assista e relacione com muitas pessoas ao mesmo tempo. Então caiu no gosto do usuário rapidamente.

Destaca-se também o uso mais eficiente do audiovisual em comerciais explorados nas mais diversas mídias – *internet*, TV entre outros – evitando o formato-padrão de *jingles*. Por meio dessa forma de anúncio, obtêm-se resultados bem satisfatórios. Podemos citar como exemplos os seguintes comerciais:

- "Pôneis malditos" (Nissan – 2011): embora mantenha o formato do "tradicional" *jingle*, tornou-se icônico por trabalhar em conjunto com as imagens e promover também o modo *online*, apresentando a mensagem desejada pelo incômodo e comédia do conteúdo.
- "A lelek" (Mercedes-Benz Classe A – 2013): a marca se adapta a uma música bastante conhecida, ajudando na sua consolidação. Fugindo completamente do esperado de seu público e chamando sua atenção justamente por não condizer com o estilo do carro.

- "O clássico ganhou um toque de rebeldia" (Mercedes-Benz Classe C – 2014): os choques visuais e auditivos ficam esteticamente atrativos, sendo marcantes para quem assiste; entre outros.

Na área da moda, não foi diferente: os criadores se utilizam de todas as ferramentas audiovisuais disponíveis para apresentar e divulgar suas criações. Os desfiles já são, por si só, uma forma de divulgação das propostas e pesquisas que os estilistas desenvolveram, iniciando suas apresentações com o entrosamento da música, dos efeitos especiais, luzes e imagens gerados por computadores que vão se alterando a cada novo modelo que invade a passarela. O estilista Reinaldo Lourenço, em seu desfile de 24 de março de 2024, abriu seu desfile com uma a projeção de luzes e sombras em um telão, aludindo à temática de *animal print*.

Esse novo momento do audiovisual faz com que o profissional de comunicação tente alcançar o perfil do comportamento desse novo consumidor, saber o que busca, do que gosta ou está a fim. O audiovisual tem a facilidade de juntar pessoas que tenham o mesmo interesse, transferindo-lhes um amplo poder de transação. Ou seja, no mercado de consumo, saber utilizar esses recursos como instrumentos de *marketing* aproxima os consumidores dos produtos e serviços.

Em se tratando de comunicação, a moda é composta por um intrincado sistema de códigos que serve como sustentáculo para as diversas representações da subjetividade do homem moderno. A relevância da publicidade nesse contexto tem uma razão clara. Muitas vezes, os produtos passam a ser vistos como extensões dos usuários porque são percebidos como constituintes da própria identidade desses indivíduos. Munidas de seus objetos, muitas pessoas sentem que estão preenchidas ou que eles até complementam partes pouco desenvolvidas de sua personalidade.

Quanto à moda, ela funciona como fator de diferenciação, estritamente ligado à questão da modernidade, na busca pelo novo, pelo desejo e pelo que seduz o consumidor.

De maneira sistemática ou não, nos estudos e nos negócios da moda, há o interesse pela prospecção de tendências, as quais possam indicar o que está acontecendo e antecipar o que irá influenciar o modo de vestir e o comportamento das pessoas. Em torno disso, há diferentes interesses que, de maneira direta ou indireta, implicam retorno ou lucro financeiro

1.6 O empoderamento da moda e suas militâncias

Atualmente o papel do gênero aparece tão fortemente no vestuário que não há mais uma distinção de roupas que possam caracterizar uma categoria específica. Outrora havia uma espécie de código hegemônico da masculinidade, na qual o homem deveria se acomodar nos padrões de poder físico e controle, bem como de orientação sexual tendo uma forma apropriada e ajustada com seus papéis patriarcais. Ao longo do século XIX, os historiadores nos mostram que os homens daquela época queriam sustentar sua imagem conservadora, mesmo com algumas mudanças em seu guarda-roupa por meio de vários tipos de chapéus, casacos e gravatas, entre outros exemplos. Contudo: "No final do século XX, as noções fixas de identidade de gênero e intolerância à ambiguidade de gênero foram gradualmente desaparecendo" (Crane, 2006, p. 50).

Logo, entendemos que, se uma marca deseja passar aos clientes a consciência de quais são os valores de gênero que pretende transmitir, ela deve se utilizar de mensagens que deverão ser divulgadas nas suas estratégias de *marketing*, em que o atento consumidor notará esses sinais; em que o conceito de moda que a marca pretende divulgar pode agradar ou não aos usuários daquele produto.

A moda consegue caminhar através das diversas áreas da humanidade, seja no viés das artes, das propriedades das classes sociais ou das separações de sexo, despertando no usuário um grande contentamento em realizar suas vontades e desejos, satisfazendo seu fascínio e alienação simultaneamente.

Certamente, como fruto de um capitalismo insano, a moda apresenta uma constante preocupação com a aparência. Essa característica corporal já existe há muito tempo e é sempre remodelada pela cultura vigente. Contudo devemos superar esses paradigmas para dar abertura ao que é mais novo e, por conseguinte, ao melhor. A moda tem essa finalidade e até hoje não se libertou dessa armação. Nesse sentido, ela atua nos dois campos: tanto para demonstrar as distinções quanto para negá-las.

Segundo Crane (2006), pelo fato de haver amplas opções de roupas e estas terem definições diferentes que modificam de acordo com cada grupo social, espera-se que o consumidor forme uma aparência distinta, utilizando a moda de forma mais aberta, muito mais como uma opção do que como uma determinação. No grupo, a discussão sobre autenticidade surge muito associada à liberdade de se vestir o que deseja, acatando o gosto pessoal e o estilo de cada um, considerando suas características individuais. Diante desse panorama, citamos o empoderamento feminino, que sofre a influência que a mídia desempenha nas pessoas, apresentando um discurso presente no grupo que desempenha o seu papel na sociedade, enquanto elas demonstram as referências na forma como se vestem.

O setor têxtil sempre esteve presente nas atividades socioculturais do gênero feminino ao longo dos tempos. Seja nas exposições do culto da beleza estética do Renascimento, seja nos diversos momentos da história do vestuário, em que os trajes desse intenso universo sempre se mostraram diferenciados e simbólicos acerca da reprodução de valores. Já nos séculos

XVIII e XIX, a roupa feminina se destacou ao enaltecer em diversas ocasiões o corpo feminino, fazendo uso de espartilhos e outros acessórios que modelavam a silhueta das mulheres, que eram inibidas e até se sacrificavam para atenderem a uma demanda estética imposta pela sociedade.

E foi no meado de século XIX (1857) – mais precisamente no dia 8 de março – que, depois de uma greve malsucedida; cerca de 130 mulheres foram mortas em um incêndio. Somente na segunda metade do século XX (1970) é que o Conselho da ONU (Organização das Nações Unidas) oficializou essa data (8 de março) como a luta histórica das mulheres, em um primeiro momento em condições igualitárias às dos homens nas questões salariais e atualmente se expandindo para as lutas das mulheres não apenas contra a desigualdade salarial, mas também contra o machismo, a violência e o feminicídio.

A moda está tão intrinsecamente ligada ao universo feminino que basta perguntarmos aos alunos dos diversos cursos de moda pelo país, que mais de 95% deles irão afirmar que optaram pelo curso porque desejam criar para um público feminino, como se a criatividade estivesse restrita a elas. Ainda mais hoje em dia, em que as possibilidades se multiplicaram devido à diversidade de gêneros; ou seja, a associação entre moda e o empoderamento feminino sempre estará presente.

Tanto homens quanto mulheres utilizam-se da exterioridade como atitude de protesto a um conjunto de coisas, valores, gostos, hábitos e comportamentos. E, como sempre, a juventude, sempre atuante em um mercado cada vez mais capitalista e consumista, encontra na moda respaldo e possibilidades de transformações sociais.

Até mesmo com uma certa visão de seu posicionamento no mundo que homens e mulheres buscam, por meio de seus trajes, demonstrar sua referência estética tão comum na sociedade vigente. E desta maneira, acabam sendo criticados por aqueles que fazem parte do movimento da "antimoda", como falado anteriormente.

A possibilidade de esculpir-se ou de delinear o próprio corpo é algo que propicia a cada um estar o mais próximo possível de um padrão de beleza estabelecido globalmente; afinal, as medidas do mercado da moda são internacionais. Todo esse ânimo só faz sentido se o refletir sobre moda for deslocado, e se for verificado que o fútil (ou o que temos o hábito de chamar assim) mostrar-se finalmente bem menos medíocre do que parece à primeira vista. A aparência pode refletir, traduzir ou simplesmente transmitir ideias tão fortes e complexas que expressa ou provoca, em certos casos, revolta radical, inédita, definitiva, e parece ser mesmo a única a poder fazê-lo.

As formas que o jovem usa para encobrir o corpo estão sempre carregadas de valores, frequentemente em conflito. E valores não apenas estéticos, mas também éticos, sociais, culturais, políticos e religiosos. Isso é o que chamamos moda: a expressão de modernidade do mundo contemporâneo. Pode-se, por exemplo, na nudez ou nas diversas formas de encobri-la, embelezá-la ou disfarçá-la, acompanhar as transformações dos conceitos de elegância e de pudor, que cada sociedade e que cada momento histórico estabelece. O corpo, essa memória material de muitas e múltiplas inscrições, vitrine móvel de conquistas científicas e tecnológicas, hoje mais do que em outros tempos, o lugar de exibição do prolongamento temporal de uma suposta "anatomia juvenil".

Ao direcionarmos o nosso olhar agora para outro tipo de manifesto e/ou militância dentro da moda, podemos conversar um pouco sobre a importância que o peso da magreza exerce no público da área, tornando-se bastante comum – principalmente as mulheres – ver-se sempre acima do peso, mesmo que isso não corresponda à realidade. Isso se agrava mais ainda quando se chega à idade adulta, quando ocorre a distribuição de gordura corporal (que varia conforme o sexo), contribuindo para o formato do corpo e para a avaliação da beleza. A distribuição de gordura no corpo é mais semelhante entre os sexos durante a velhice. O processo envolvido na distinção é hormonal.

A partir da puberdade, por influência do estrogênio, as mulheres acumulam gordura preferencialmente na região das nádegas e das coxas. Uma quantidade crítica de gordura é necessária para a menarca e a manutenção do ciclo menstrual. Os homens, de sua parte, por influência da testosterona, acumulam gordura na região do tronco, nos ombros e na nuca. Com o aumento da idade, a produção de testosterona diminui, causando acúmulo de gordura abdominal, especialmente naqueles com hábitos sedentários.

O ideal da mulher esbelta é, consequentemente, relevante para todas as culturas. Além do mais, a existência de ideais diferentes de beleza em outras sociedades não explica a razão pela qual a magreza se transformou em um ideal da sociedade brasileira. Em um primeiro instante, no início dos anos 2000, a busca por um corpo "perfeito" estava relacionada a um padrão estético de magreza e de corpos esquálidos, em detrimento a um corpo mais "rechonchudo".

Academias se multiplicavam em cada esquina, e as campanhas e editoriais de moda apresentavam um modelo leve e seco do manequim a ser explorado. Com o tempo e as mudanças de atitude e de comportamento, principalmente pelo fato de as mulheres – e o público de uma forma geral – se aceitarem como realmente são, foram se criando nichos de mercado e de possibilidades estéticas.

Segundo o Ministério da Saúde, 52,5% da população brasileira está acima do peso – 17,9% estão obesos, ou seja, o padrão brasileiro não é do corpo magro, segundo a moda exibe, em sua maior parte. Diante disso, um dos nichos de mercado de moda, segundo o Sebrae, é o *plus size*, também conhecido como tamanhos grandes ou especiais, porque são voltados para um público que tem manequim acima do tamanho 44.

O foco são homens e mulheres, jovens e adultos, que não querem apenas vestir uma roupa que atenda ao seu manequim, mas, sobretudo, ressaltar seu estilo e beleza por meio do uso de roupas e acessórios da moda. Segundo dados da Associação Brasileira do Vestuário (Abravest), de 2018/2019, o mercado *plus size* cresce 10% anualmente e movimenta cerca de R$ 7 bilhões. Esse percentual corresponde a cerca de 300 lojas físicas e aproximadamente 60 virtuais. A expectativa, segundo a associação, é de um crescimento de pelo menos 10% ao ano (Sebrae, 2016).

O corpo físico já é operador e dado fundamental da produção da autoimagem; o corpo confere ao sujeito uma história a contar. O culto à magreza e a obsessão pela atividade física orientada, assim como pela saúde perfeita, talvez possam compor a nova representação do corpo. Na busca da imagem, no complemento necessário para se adequar aos padrões, a sociedade consome, sem parar, indumentárias que possam lhe trazer desejos e satisfações.

Como qualquer comunicação, a moda necessita de um emissor e um leitor. As pessoas interagem no universo de suas próprias estéticas, de acordo com a proposição de emitir uma mensagem, a qual dependerá sempre de, no mínimo, alguém que vai transmitir esse diálogo visual e um receptor para decodificar. A manipulação da aparência é individual e invariavelmente nutrida de uma bagagem de experiências biográficas, que cria subsídios para uma leitura que não usa uma grafia textual. A ideia de essa contemplação depender sempre de um observador comprova que o ato de se vestir leva em consideração a forma como os outros o perceberão. Prova disso é que uma peça de roupa somente é dada como presente quando há uma intimidade naquela relação. E, por ser algo tão pessoal, pode trazer facilmente ofensa, se não fizer jus à identidade do presenteado. Desse modo, é apropriado o uso de elementos semânticos para demonstrar ao outro os interesses pessoais, regendo uma leitura da *performance corporal.*

A roupa sempre será um signo; logo, vai representar algo para alguma pessoa, já que tem significados segundo o repertório cultural de quem é observado e do seu observador. Assim, uma simples saia, ao ser apresentada para uma sociedade, pode ganhar sentidos diferentes por parte de vários protagonistas. Dessa forma, tende a assumir diferentes significados – podendo remeter a uma sensualidade velada, a um sentido religioso (pudico) ou a uma trivialidade explícita, ou mera praticidade de uso.

Considerações sobre o Capítulo 1

Na busca incisiva por possibilidades de se comunicarem e pertencerem a um determinado conceito cultural/social, as pessoas procuram na moda uma resposta para se apresentarem na sociedade contemporânea. Colocando a moda como um termômetro de comportamento, buscamos esclarecer ao leitor deste capítulo a importância do entendimento dessas duas áreas de atuação – moda e comunicação –, que se completam e, no atual cenário mundial, não podem viver desconectadas.

Notamos que, ao falarmos sobre as formas e manifestações culturais, destaca-se a moda como um instrumento de apoio e de comportamento nas diversas estruturas sociais vigentes, transformando o sujeito no principal responsável pelo seu papel na sociedade, e que a importância de estar trajando uma peça de roupa o coloca no cenário como ser diferente e atuante.

Aprendemos a interpretar seus sinais, decodificando os signos que são apresentados ao público de forma a interagir no seu comportamento no ato de se vestir, procurando se identificar com determinado grupo social. Que pode ou não estar sujeito a seguir tendências de moda que se referem às novidades efêmeras produzidas por especialistas da área, ou não. Esses mesmos observatórios apresentam novas possibilidades de interpretar o setor de moda e de confecção de uma maneira mais atual, participativa e sustentável, como condiz com a modernidade.

Dentro das diversas formas de comercialização, buscou-se demonstrar que o setor varejista é um dos principais modelos de distribuição dos produtos têxteis, utilizando-se de ferramentas modernas e atuais que chegam até o consumidor sem causar tantos ruídos que possam prejudicar a mensagem que esse setor pretende transmitir.

Como não poderia ser de outra forma, exaltamos a importância dos recursos modernos do audiovisual na elaboração das peças publicitárias para a divulgação dos produtos a serem comercializados entre seus consumidores. Destaca-se a *internet*, ferramenta cada vez mais indispensável para integrar e comunicar aos usuários tudo que está relacionado com o posicionamento das marcas com seus compradores.

E apresentamos, por fim, mas não menos importante, um parecer das diversas formas corporais que estamos vivenciando atualmente, destacando a interação entre comportamento feminino e a moda ao longo dos tempos e principalmente no dia a dia da mulher empoderada e decidida em relação ao seu corpo.

Esperamos, com isso, que o leitor possa ter se deliciado com essas informações a respeito do que é moda e se depare com um novo comportamento depois de se inteirar desses comentários sobre o referido assunto.

REFERÊNCIAS

AGAMBEN, G. O que é o contemporâneo? *In*: AGAMBEN, G. *O que é o contemporâneo? E outros ensaios*. Chapecó: Argos, 2009.

BAUDRILLARD, J. *A sociedade de consumo*. Lisboa: Edições 70, 1997.

BAUMAN. Z. *Identidade*. São Paulo: Editora Zahar, 2005.

BHABHA, H. *A outra questão:* o estereótipo, a discriminação e o discurso do colonialismo. *In*: BHABHA H. *O local da cultura*. Belo Horizonte: UFMG, 1998.

BRASIL. Ministério da Saúde. Secretaria-Geral. *Pesquisa: 52,5% dos brasileiros têm sobrepeso e 17,9% estão obesos*. Ministério da Saúde. Secretaria-Geral. Publicado em: 15/04/2015. Atualizado em: 27/06/2024. Disponível em: <https://www.gov.br/secretariageral/pt-br/consea/noticias/2015/pesquisa-52-5-dos-brasileiros-tem-sobrepeso-e-17-9-estao-obesos>. Acesso em: 1 fev. 2025.

COBRA, M. O valor percebido pelo consumidor de moda. *In*: COBRA, M. *Marketing & moda*. São Paulo: Senac, 2010, p. 57-66.

CRANE, D. Moda, identidade e mudança social. *In*: CRANE, D. (org.). *A moda e seu papel social*. São Paulo: Editora Senac São Paulo, 2006. p. 21-63.

FLÜGEL, J. C. *A psicologia das roupas*. São Paulo: Editora Mestre Jou, 1966.

LIPOVETSKY, G. *A felicidade paradoxal*: ensaio sobre a sociedade de hiperconsumo. São Paulo: Companhia das Letras, 2007.

MARX, K. *O capital*. Livro 3. Rio de Janeiro: Civilização Brasileira, 1974.

MESQUITA, C. *Incômoda moda*: uma escrita sobre roupas e corpos instáveis. 2000. 196 p. Dissertação (Mestrado em Psicologia Clínica) – PUC-SP, São Paulo, 2000.

POSNER, H. *Marketing de moda*. São Paulo: Gustavo Gili, 2015.

SANT'ANNA, M. R. *Teoria de moda*: sociedade, imagem e consumo. Barueri: Estação das Letras, 2007.

SEBRAE. *Conheça o potencial de mercado da moda plus size*. Sebrae, 2016. Atualizado em: 18/08/2023. Disponível em: <https://sebrae.com.br/sites/PortalSebrae/artigos/moda-plus-size-explore-este-nicho-de-mercado,5e48088ec0467410VgnVCM1000003b74010aRCRD#:~:text=Segundo%20dados%20da%20Associa%C3%A7%C3%A3o%20Brasileira,pelo%20menos%2010%25%20ao%20ano.>. Acesso em: 1 fev. 2025.

SVENDSEN, L. *Moda*: uma filosofia. Rio de Janeiro: Editora Zahar, 2010.

THOMPSON, J. B. *Ideologia e cultura moderna*: teoria social crítica na era dos meios de comunicação de massa. Petrópolis: Editora Vozes, 2011.

CAPÍTULO 2:
O QUE É COMUNICAÇÃO?

Na publicidade visual, panteras e gazelas são muitas vezes comparadas, também, com carros; suas "vestimentas" que se amoldam facilmente ao corpo, e que dão uma boa silhueta a todos os exemplos, oferece um ideal para o modo moderno, o de criar um vestuário que procure imitar a elegância e a eficiência da natureza.

HOLLANDER

A comunicação é elemento importante para a vivência de uma sociedade. Por meio da comunicação, nos organizamos, nos expressamos e comunicamos ao outro todo e qualquer conhecimento necessário e anseios. Podendo ser verbais ou não verbais, as formas de se comunicar foram se transformando acompanhando o progresso da civilização, atendendo, assim, às nossas necessidades.

A comunicação verbal junta toda a forma de se expressar por meio de palavras faladas ou escritas. Já a linguagem não verbal utiliza signos visuais, como, por exemplo, expressões faciais, gestos, postura, desenhos, placas, símbolos e vestimentas. Hoje os empresários do setor do vestuário buscam profissionais capazes de decodificar essas mensagens que a sociedade manda por meio de comportamentos, atitudes e culturas, que causam os hábitos de consumo do mundo contemporâneo.

Neste capítulo, você entenderá o potencial do mercado de moda, tanto como gerador de vendas quanto como influenciador de comportamentos, e aprenderá conceitos que irão lhe dar a base para comunicar, vender e produzir produtos de moda. Compreender o sistema da moda pode inspirar inovações de mercado e gerar *insights* importantes para sua carreira, pois saber notar as referências estéticas e interpretá-las é a busca de todos os profissionais e pesquisadores do setor. Sendo assim, caro leitor, eu o convido a continuarmos nesta jornada do conhecimento, em que discutiremos sobre a força da comunicação dentro da moda.

Deixe-se maravilhar pelo mundo da comunicação na moda.

2.1 Cultura, comunicação e suas intersecções

Cultura e comunicação interdependem uma da outra. Uma mensagem comunicada sempre estará dentro de um contexto cultural, e esse contexto cultural só existe graças à comunicação entre seus indivíduos. Para Barnard (2003), a moda, além de um poderosíssimo meio de comunicação, é também um objeto importante de expressão cultural, refletindo o contexto em que vivemos e a nossa história. Além disso, ela pode ser comparada à uma ferramenta de formação de identidade dos diferentes grupos, que funciona como meio de troca de mensagens entre quem a veste e quem a observa. Além de ser um meio de expressar valores, hábitos, crenças e gostos e importante instrumento para a interação social, a moda é reconhecida como parte da identidade e expressão cultural e, por isso, um espaço de mediação entre indivíduos, grupos sociais e culturais. Ou seja, ela permite ao indivíduo expressar ser quem deseja, comunicar-se e manter-se dentro de uma cultura.

Embacher (1999) propõe que "não há nada que esteja acontecendo no mundo hoje que não possa influenciar a maneira de vestir das pessoas". Essa suposição marca a estreita relação entre o vestuário e a qualidade de vida das pessoas, pois considera o modo de vestir como expressão das condições em que a vida humana está acontecendo, seja com relação aos aspectos naturais ou culturais, objetivos ou subjetivos. Contudo, essa afirmação não garante que, basicamente, tudo influencia o modo de vestir. Mas alerta que o vestir é largamente influenciado pelo existir, não sendo admissível apontar previamente se todos os acontecimentos serão afetados. Todavia a hipótese indica os modos de vestir e a moda como um sistema que está conectado com outro ainda maior, no qual é desenvolvida a dinâmica da vida humana. "A cada ano, a tribo da moda formiga ruídos e rumores sobre as futuras tendências, alguns dos quais vão efetivamente se verificar na realidade" (Erner, 2005).

Atualmente temos o encontro direto dos consumidores de moda e as mídias eletrônicas com a propagação dos influenciadores digitais; assim, os consumidores têm facilidade de assistir a videoclipes sugeridos por esses influenciadores. Também com acesso a uma vasta gama de informações que são passadas por *podcast* e vídeos em *sites* especializados, o consumidor tem a possibilidade de se orientar de uma maneira rápida e de forma mais democrática que outrora.

Ao utilizarem esses profissionais da mídia, as marcas conseguem entregar mais facilmente aquilo que seu público mais gosta de vestir, exibindo criações, misturas, peças inéditas, cujos elementos o público gosta de ver e incorporar no próprio estilo.

Outra forma de comunicação para apresentar uma determinada cultura e suas interfaces são as histórias reveladas no universo cinematográfico. Quando acompanhamos uma história ambientada em séculos passados, não é apenas a trama que iremos conhecer. Analisando os personagens caracterizados com trajes iguais aos usados na época em questão – e, ao prestarmos atenção nessas roupas –, conseguimos deduzir qual é a personalidade daquele personagem, quais são seus costumes, de onde vem, o que ele faz. Graças a uma equipe de especialistas das produções audiovisuais, que comunicam todo o processo de elaboração de uma determinada série ou filme, com base em estudos e pesquisas meticulosos, para que se possa entregar ao telespectador um retrato mais realista possível da época ou localização em que se passa a trama.

A maior parte da sociedade identifica, primeiramente, a moda como local reservado aos costumes e adornos; dessa forma, os movimentos cíclicos do vestuário estão relacionados logo de cara com as ideias de seus criadores. Entendemos que a moda não se encontra restrita ao campo da roupa. Arquitetura, indústria automobilística, decoração de interiores, música, gerenciamento de negócios, entre outros, são afetados intensamente pelo setor da moda, que é um dispositivo social. Logo, o comportamento apontado pela moda é um fenômeno do comportamento humano generalizado e está presente no seu envolvimento com o mundo. Esse método de racionalização se dá para relevar o consumo e dar prestígio à moda, tirando-a do seu estigma de efemeridade. Assim, entendemos que:

- A comunicação é intencional: notadamente quando a proposta é persuadir.
- A comunicação é transacional: negociação em que mensagens são trocadas motivadas por todos os participantes na esperança de uma resposta mútua.
- A comunicação é simbólica: sendo os símbolos inventados e utilizados para focalizar, por meio dos objetos ou pessoas representados com esses símbolos, os seus significados.

Você já percebeu como notamos o mundo à nossa volta? Nossos sentidos (visão, olfato, tato, paladar e audição) captam os estímulos do ambiente externo e são transformados em algum tipo de emoção ou sensação que é interpretado pela nossa mente, levando-nos a um resultado perceptivo. Assim, podemos utilizar como meio de comunicação as experiências sensoriais, que nos motivam e nos conduzem a uma maneira de nos comunicarmos uns com os outros.

Além disso, você pode estar se perguntando como as empresas utilizam essa estratégia de usar as experiências sensoriais para fixar sua marca junto aos clientes. Veja um exemplo: quando o consumidor de uma motocicleta Harley-Davidson ouve o ronco de seu motor, o seu coração dispara, e ele se arrepia por inteiro – afinal, a paixão que a marca desperta é tão real quanto o ronco de seu motor. Outro exemplo é O Boticário, que há uns anos investiu mais de 6 milhões de reais para transformar suas lojas em ambientes que possam proporcionar aos clientes várias experiências sensoriais, tais como: teto que dá a sensação de movimento, uso de materiais alternativos, gerando aconchego e bem-estar, além do seu já consagrado aroma inconfundível de chiclete, que sai de suas lojas-conceito espalhados pelo Brasil. Por falar em odores, como não sentir o cheiro de pipoca por todo o *shopping* assim que nos aproximamos das salas de cinema, o que nos leva automaticamente ao consumo do produto, mesmo não querendo? Conforme como se dá nas cafeterias e afins.

Quando uma marca explora o sentido da visão, utilizando-se de cores, imagens e formatos dos produtos, usando *slogan* para confirmação do conceito da marca, certamente seus objetivos mercadológicos são atingidos rapidamente, estimulando os consumidores a adquirirem determinado produto. Já quando se usa música em um ambiente, pode-se estimular ou tranquilizar o cliente. Claro que tudo deve estar associado ao posicionamento da marca; afinal, música é uma linguagem universal, logo é uma forma de comunicar uma mensagem.

Existem também aqueles clientes que sentem necessidade de tocar, sentir de perto um produto/serviço – são os chamados sinestésicos. Podemos citar a marca Zelo, do setor de *homewear*, que coloca seus produtos de cama, mesa e banho em locais estratégicos para que o usuário possa pegar e sentir a maciez de seus lençóis, toalhas, proporcionando experiências agradáveis aos seus clientes e aumentando os ganhos da empresa.

Completando os sentidos sensoriais humanos, o que dizer sobre o paladar? Uma estratégia que sempre funciona é a oferta de uma rápida degustação de comida no PDV (ponto de venda), já que, culturalmente falando, a oferta de alimentos é uma tradição de muitos anos no Brasil. Aliás, é até mesmo uma questão de educação, e as marcas se utilizam dessa cultura para criar um elo de aproximação e intimidade com seus clientes. Outra maneira de "pegar o consumidor pela boca" é pôr à venda algumas edições limitadas de um determinado produto, para saber se é bem aceito pelo público-alvo.

Assim, exploramos os sentidos na possibilidade de usarmos em experiências sensórias para atrair e conquistar os clientes – afinal, como disse certa vez Benjamin Franklin: "Diga-me, e eu esquecerei. Mostre-me, e talvez eu lembrarei. Envolva-me, e eu entenderei!".

Concordamos que a comunicação é considerada uma capacidade humana de grande valor universal. A maneira de interagir e de se comunicar é uma das características humanas que nos difere de outras espécies; afinal, a integração do conhecimento é proveniente de várias fontes, bem como o desenvolvimento do raciocínio sobre a informação assimilada é essencial para a comunicação de ideias que venham a potencializar a criatividade humana.

Nesse processo convergente e divergente da comunicação, de assimilação de informação, de analogias criadas, de associação de imagens e palavras e sensações, o potencial criativo pessoal e único de cada autor é determinante para a formalização das ideias e dos conceitos, definindo um estilo, por vezes influenciando o gosto, deixando a marca dos valores pessoais do seu criador, também como o reconhecimento dos valores universais.

Assim sendo, boas ideias nunca vão além da cabeça daquele que as imaginou. A adaptação da comunicação é um item a ser considerado em uma sociedade capitalista como a nossa. Ao transmitirmos uma mensagem, podemos resolver o problema em questão de segundos. Uma vez captadas, essas comunicações precisam ser transformadas em conceitos, descrevendo a sua forma, função, objetivo e benefícios globais, para que, em seguida, os conceitos sejam avaliados pela organização que transmitiu a mensagem.

No entanto, culturalmente o papel social da moda evidencia-se hoje quando passa a comunicar o processo de transformação social, colocando em pauta o questionamento dos tradicionais métodos normativos de gênero e abrindo espaço para as novas formas de entender esses grupos de representação contemporâneo; afinal de contas, em tudo à nossa volta, podemos sentir que o *design* de moda está presente, informando, identificando, decorando, seduzindo, divertindo, sinalizando, organizando, protegendo e facilitando nossas vidas. Encontramos isso nas roupas que vestimos, em tudo que lemos e utilizamos. Está presente em nosso dia a dia por meio de artefatos diversos, sejam eles efêmeros, duráveis, virtuais ou palpáveis.

Dentro de uma cultura de moda, acompanhar esse processo constante de se reinventar é fundamental. Portanto, a roupa que vestimos, bem como os acessórios que usamos e todas as outras formas de modificar/transformar nosso corpo (corte de cabelo, maquiagem, tatuagem, implantes entre outros), têm diversas funções, despontando, além das informações sobre nosso humor ou sobre o tempo, muito sobre nossa personalidade, nossa identidade, nossa relação com o corpo que temos, nosso estilo de vida, nossas crenças e nossos posicionamentos acerca de determinados valores.

Assim, como meio de comunicação social e cultural, a moda tem evidenciado o seu papel quando passa a agregar o processo de transformação, que hoje coloca em discussão os clássicos códigos normativos de gênero e dá abertura para novas maneiras de perceber os tipos por diversos aspectos contemporâneos. Nessas novas configurações, "o feminino e o masculino não se organizam em termos binários", e sim múltiplos e plurais. Para Zambrini (2016), a moda vem impulsionando uma abertura de pensamento sobre gêneros na medida em que provoca na sociedade um momento de reflexão sobre as formas de transgressão sociais:

> Atualmente, na moda, está se expressando um forte processo de mudança social e cultural em relação à construção dos gêneros. Por exemplo, as passarelas mais importantes têm hoje modelos transgêneros, além do surgimento de tendências que borram os limites tradicionais do feminino e do masculino nas propostas do vestir. Ou seja, o foco não é mais a biologia para pensar as identidades, e essa mudança é significativa justamente porque rompe com a ideologia binária do século XIX e nos permite falar sobre identidades no plural (Zambrini, 2016).

No entanto, segundo Crane (2006), desde o final do século XX essa dicotomia rígida sobre identidade de gênero vem passando por análises sistemáticas, trazendo à luz novas reflexões acerca da diversidade que invade os seres humanos. Para a autora, foi a partir da afirmação de Michel Foucault, de que "as percepções de gênero não são fixas, mas efeitos de discursos médicos e psiquiátricos", que tais discussões ganharam relevância, concebendo uma alteração na visão de mundo que já vinha sendo construída e atuando na redução da intolerância e preconceitos sobre esse debate.

Esse debate se intensifica no século XXI, quando encontramos novas intersecções no universo da moda e cultura. Após um período de discussões mais aprofundadas sobre o tema e com um grande apoio da comunidade LGBTQIAPN+ (lésbicas, gays, bissexuais, transgêneros, queer, intersexo, assexuais, pansexuais e não binários), outros termos apareceram para indicar a diversidades das identidades de gêneros atuais. Cada um vem acompanhado de suas particularidades marcadas, que podem se ajustar de forma mais democrática e inclusiva às pessoas que não são cisgênero (classificação do homem ou mulher que nasceu com órgãos genitais correspondentes ao gênero com que se expressa/reconhece socialmente).

Segundo a autora supracitada, a moda pode ser envolvida como um meio de comunicação não verbal e visual, o qual tem o poder de "fazer declarações sociais subversivas". De acordo com a tradição, o organismo da moda quase sempre se amparou na aprovação binária de gênero (masculino e feminino) para estabelecer arquétipos estéticos e formais pertinentes ao vestuário. Crane (2006) alude que a moda exerce, de modo geral, um papel significativo nos tipos de representações sociais externalizadas pelos indivíduos, com claras diferenças entre homens e mulheres.

Logo, podemos entender a intersecção que se faz entre moda e cultura, por estarem presentes em toda parte; assim, a sociedade acaba se acostumando com o fato de que, dessa maneira, tudo é uma forma de comunicação. Com essa comprovação, torna-se possível relacionar esses dois campos em questão – moda e comunicação –, sendo inconcebível analisar um em detrimento do outro; afinal, eles são inseparáveis.

2.2 Moda e comunicação de massa

Se antes a veste na sociedade tinha apenas a função de proteger o corpo, hoje a moda, como um acontecimento social, tem outros distintos fins. Um deles seria a necessidade contínua de transformação e mudança que as pessoas têm, fazendo com que a roupa vire um espelho cultural que reflete todas as mudanças que a sociedade encara, uma vez que ela se junta a diversos aspectos da sociedade, tais como: as crenças, as manifestações artísticas, os hábitos, os valores, mostrando por meio dela toda a cultura dessa sociedade. Assim, a moda pode ser vista como objeto de comunicação de massa por trazer todas essas informações introduzidas em si, por meio dos signos, durante toda a sua existência no mundo.

Até o século XVI, não havia o conceito de moda – antes desse período, eram chamadas de indumentária todas as vestimentas que existiam junto aos povos antigos. As indumentárias sse tornaram objetos valiosíssimos de estudo e uma das informações responsáveis por nos trazer elementos a respeito do estilo de vida dos povos que as utilizaram, assim como nos possibilitaram descobrir documentos mais peculiares, como seus hábitos, histórias de vida, hierarquia, ocupação e importância durante a vida, e até motivo de suas mortes. Ao lado de outros arquivos históricos pertencentes a esses povos – desenhos, hieróglifos, objetos de arte, escritas, cerâmica –, a indumentária nos consentiu, por ser um objeto de manifestação daquelas culturas, escrever a história como a conhecemos hoje.

A partir do século XVI, as roupas começaram a se transformar com mais frequência, fazendo surgir os conceitos de moda e gerando, então, o sistema de moda. As peças começaram a se modificar com maior frequência, pois, na realidade, estavam seguindo as mudanças das sociedades, que também passavam a acontecer mais rapidamente. Entendemos, com isso, que moda e cultura andam lado a lado e interdependem uma da outra, tornando impossível falarmos de história e sociedades sem falarmos da sua moda, pois ela, desde os primórdios da vida humana, foi objeto de manifestação cultural. E continua até os dias atuais, uma vez que hoje temos a moda como um dos maiores meios de comunicação e linguagem, que permite a todos os indivíduos se expressarem de forma a mostrar por meio dos signos da moda a sua identidade, e seu contexto cultural.

A moda é um mundo dirigido por constantes mudanças de comportamento, de necessidades e de desejos, em um universo que aponta uma incansável evolução na procura de produtos que relevem sua existência, ou seja, na reestruturação dos vários segmentos da indústria da moda. Esse método é fruto de inúmeras transformações nos valores e hábitos do homem atual e apresenta-se até mesmo sob outros padrões estéticos do vestuário, coagindo a indústria a reformular antigos conceitos e a própria dinâmica do processo criativo e produtivo.

Torna-se muito intrigante – e por que não dizer confuso? – para as pessoas seguirem determinada moda apresentada pelos meios de comunicação que estabelecem certas imposições de se vestir, fazendo com que esse público acabe por consumir de uma maneira imposta pelas marcas. Assim, "vestir-se à moda" sugere que uma pessoa se destaque e, ao mesmo tempo, se misture à multidão, reivindicando a exclusividade, apesar de acompanhar o rebanho. Dentro de uma perspectiva histórica, encontramos ao longo dos tempos, uma nova realidade ocasionada pelos estilos desenvolvidos a cada nova tendência.

Ao considerarmos, por meio de uma perspectiva histórica, os estilos proporcionam uma nova realidade. O dinamismo do choque, a sede de mudança e os efeitos extremos, que distinguem as sociedades urbanas, em especial as do sistema capitalista industrial moderno, contribuem para essa "modernidade" e são muito bem noticiados por certa histeria e pelos excessos.

Atualmente uma das suas principais características da moda é a sexualidade das roupas. As crianças aprendem, logo cedo, que as roupas lhes dão identidade, proporcionando ideias sobre o próprio corpo, a partir de conceitos sobre a sexualidade. No processo contínuo dessa definição, o vestuário usado em público pelos adultos torna-se, afinal, um gesto sexual mútuo, em um mundo geralmente bissexual. Segundo Hollander (1996), a excitação popular atual com o transexualismo no vestir mostra apenas quão profundamente acreditamos ainda em separar simbolicamente as roupas dos homens e das mulheres, mesmo que, em muitas ocasiões, ambos se vistam da mesma forma.

A moda vive das ideias do passado, com o propósito de adivinhar o futuro, indagando qual será o *look* decisivo do próximo desfile. Essa é a pergunta que eu e todos os fashionistas nos fazemos a cada novo lançamento de tendências. Apesar das várias alternativas que são apresentadas nos desfiles, algumas se tornam as determinantes. A ideia essencial de alguns estilistas incide em conceber as peças de roupas e as partes destas (mangas, golas, entre outras) como extensões do próprio corpo, ressaltando sua artificialidade, tanto da peça quanto do corpo que a veste. Ponderando o corpo feminino, parece que, para eles, a roupa não serve apenas para cobrir ou enfeitar a mulher, mas sim para ressignificá-la, no caso, dotando-a de um conceito com uma força impressionante. Outros caminham em direções opostas: buscam na imagem a força por meio de uma "moda pura", ou seja, conectada ao corpo natural.

> A moda, consequentemente, é essencial para o mundo da modernidade, o mundo do espetáculo e da comunicação de massas. Constitui uma espécie de tecido de ligação do nosso organismo cultural. E apesar de muita gente sentir a moda como uma escravidão, como uma forma castigadora, compulsiva, de expressar incorretamente uma individualidade que, pela sua própria ação – ao imitar os outros – se nega a si própria, a última gota de água nessa contradição que é a moda, é que ela expressa muitas vezes com sucesso o individual (Wilson, 1989).

A apressada disseminação de dados na atualidade, muito por conta da *internet*, abrevia o predomínio de um tipo de comportamento, que pode aparecer em um país, e, no dia seguinte, o mundo todo o aceita. Thompson (2018) chama esse mesmo fenômeno de "influência social", o que possibilita fazer uma relação muito atual com as redes sociais e o fenômeno dos criadores de conteúdo e influenciadores de opinião.

A *internet* é uma ferramenta essencial, mas participar de eventos e visitas *in loco* enriquece bastante as pesquisas. Esses materiais devem ser registrados por meio de textos e imagens, sempre respondendo à pergunta: "Por que você acha que é importante?". No atual mercado de interesse de uma sociedade capitalista, explora-se essa maneira de atingir o consumidor tornado tão acentuada que os estudiosos do assunto debatem se, na realidade, as tendências de moda e consumo estão sendo descobertas ou inventadas e atribuídas por intermédio da mídia especializada. Há ainda outro assunto de discussão sobre o jeito de como as tendências são ou não produzidas.

Erner (2005) considera que o consenso no universo mercantil da moda transcorre de experiências similares de um pequeno e restrito grupo de pessoas que, apesar de negarem essa condição, compartilham os mesmos valores, porque frequentam os mesmos locais. Dessa forma, apesar de seus esforços criativos, constantemente os componentes desse grupo mostram impressões idênticas, que são atingidas como percepções da tendência das diversas manifestações culturais.

Para podermos ter uma melhor ideia de como esse processo incide nas sociedades atuais, temos que recorrer a um conceito derivado da década de 1930, mas que tem tudo a ver com o momento atual: a cultura de massa. Somente com a produção em massa, viável por causa da introdução de máquinas de costura e de tricô, é que a moda ficou mais acessível, porque aumentou a produção, reduziu os custos e tornou as peças mais baratas (Svendsen, 2010).

As modificações quantitativas (acesso ao poder aquisitivo, mudança crescente do trabalho da máquina pelo esforço humano, aumentando o tempo de lazer) operam uma lenta metamorfose qualitativa. Assim, os problemas da vida individual e privada, bem como os desafios da realização de uma vida pessoal se colocam, dali em diante, com insistência, não mais apenas no nível das classes burguesas, mas da nova camada salarial que surge em pleno desenvolvimento. Logo, a modificação das condições de vida sob o efeito das técnicas, a elevação das possibilidades de consumo e a promoção da vida privada correspondem a um novo grau de individualização da existência humana. Produzindo essa boa vida familiar, elas a fizeram parecer possível, tanto quanto desejável, para as grandes massas.

Essa multiplicação das mediações, das comunicações e dos contatos cria e mantém um clima simpático entre a cultura e seu público: a cultura de massa tende a constituir idealmente um gigantesco clube de amigos, uma grande família não hierarquizada. E é uma imagem de vida desejável, o modelo de um estilo de vida que finalmente os amigos esboçam, como as peças de um quebra-cabeça, os múltiplos setores e temas da cultura de massa. Essa imagem é ao mesmo tempo hedonista e idealista; ela se constrói, por um lado, com os produtos industriais de consumo e de uso cujo conjunto fornece o bem-estar e, por outro lado, com a representação das aspirações privadas – o amor, o êxito pessoal e a felicidade.

Entende-se por cultura de massa aquela estabelecida segundo as normas maciças de fabricação industrial; propaganda pelas técnicas de comunicação e difusão maciça (que um estranho neologismo anglo-latino chama de *mass media*), destinando-se a um grupo social, isto é, acumulado gigantesco de sujeitos comprometidos aquém e além das estruturas internas da sociedade. A cultura de massa é, portanto, o produto de uma dialética produção-consumo, no centro de uma dialética global, que é a da sociedade em sua totalidade.

Produtos são providos de significado na sociedade; o estudo do simbólico reside em entender como as pessoas compõem o seu próprio conceito e compram ou rejeitam produtos que as identifiquem com a forma idealizada, impulsionadas pelas mensagens simbólicas deles. A importância do estudo do comportamento simbólico se deve ao fato de que os consumidores compram produtos para obter função, forma e significado.

Como mídia secundária, a moda é um instrumento poderoso de inserção humana no contexto cultural, tornando-se também um sujeito ativo que detém o poder para agir de diferentes formas no processo comunicacional, conforme podemos encontrar em Lurie (1997), quando fala que: "A moda é discurso livre e um dos privilégios, se não um dos prazeres, de um mundo livre".

Destacaremos agora algumas maneiras de como a moda se manifesta como comunicação de massa:

- *Moda como instrumento de comunicação*: a base dessa argumentação foi a moda entendida como instrumento de comunicação não verbal, ou seja, expressão do eu em interação com o mundo. É um instrumento utilizado pelo sujeito para que ele adquira a competência de ser percebido.
- *Moda como instrumento de integração*: quando perguntamos aos consumidores sobre a necessidade que leva à adoção de moda, o fator motivador, de moda, fica nítida a relação com as necessidades de aceitação, integração e adequação. Ser aceito no grupo ao qual se quer pertencer adequando-se ao estilo de vida, ao comportamento e à atividade desse grupo.
- *Moda como instrumento de individualidade*: existe também aquele comportamento oposto, aquele que não quer pertencer a grupo nenhum conscientemente. Querer ser diferente retrata a necessidade de individualidade, a busca pela exceção, pelo que foge à regra. Esses consumidores são os inovadores, os primeiros usuários.
- *Moda como instrumento de teatralização*: a aparência pode incorporar vários aspectos do eu e levantar questões diversas em diferentes situações nas quais as pessoas a confundem com a imagem que a representa. Pode apresentar muitos aspectos de representatividade, sendo um só ator a construir imagens particulares para se expressar conforme o momento, desempenhado nos mais diferentes papéis.
- *Moda como instrumento de autoestima*: ego e vaidade são dois pontos que estão presentes no discurso e que apresentam certa preocupação social. Como quem é *fashion* sempre está procurando algo novo e a moda está sempre mudando, percebe-se uma satisfação pessoal com a descoberta da inovação, que, por sua vez, afaga o ego.

- *Moda como instrumento de autoestima*: nessa dimensão, a moda aparece como processo terapêutico que busca salvaguardar a carência da sociedade. Se a sociedade busca resolver seus vazios com atos de consumo, o ato de adquirir um *look* de moda assume certo poder de transformação. Ao transferir a responsabilidade de seu desempenho pessoal para o *look*, o sujeito se culpabiliza.

A publicidade da grande imprensa ajuda a dissimilar e a estender seu raio de ação; as grandes marcas obtêm lucro ao exporem sua etiqueta em produtos de série ou semissérie (perfumes, meias). Assim, a cultura de massa efetua uma dialética de aristocratização e de democratização que funciona em todos os níveis para, finalmente, se padronizar no grande público. Sobre isso, Morin (1987) afirma que: "Ao mesmo tempo, mantém uma obsessão consumidora das roupas, do enfeite, dos objetos cuja importância como estimulante econômico se torna cada vez mais nas sociedades ocidentais".

Dessa forma, as empresas passam a adotar um sistema de comunicação de massa por meio de seus produtos de moda, que são apresentados aos clientes a todo momento, utilizando as mais diversas formas de atingir e despertar o interesse deles, facilitando, inclusive e especialmente, esse acesso aos novos produtos lançados simultaneamente nas lojas físicas e/ou virtuais. Balizando-se nas informações apresentadas por especialistas em pesquisas que apontam atualmente que, os usos e costumes da sociedade moderna são conduzidos pelas tendências de um mercado digital de moda; sendo assim:

- Em torno de 85% das marcas fazem uso do *e-commerce*.
- 70% delas têm *sites* otimizados para o celular, no sistema *mobile*.

- 61% dos clientes dessas marcas apresentam melhor opinião quando têm uma boa experiência na mobilidade no uso do celular.
- Mais de 90% das empresas do setor de moda têm intensa atividade nas principais plataformas sociais: Facebook, Twitter e YouTube.
- 62% das marcas estão expandindo seus produtos para o Instagram, Pinterest e Google+.

Do ponto de vista acadêmico, os paradigmas e paradoxos da teoria da comunicação de massa passam por meio das expressões da moda e sua dinâmica que compõem um campo de pesquisa valioso para o conhecimento da cultura e da sociedade.

2.3 Moda como instrumento de comunicação

Utilizando a moda como um instrumento de comunicação, podemos analisar e classificar cada uma das letras da palavra MODA. Assim, teremos:

M: *Marketing*

O: Produt**O**

D: **D**esign

A: **A**titude

Moda é atitude: uma marca não pode ficar mais à espera de que seus clientes a procurem; ela deve ir atrás deles, e para isso é necessário ter a iniciativa de comunicar a eles as novidades propostas em cada lançamento de produto. Produtos que só chegarão aos consumidores se houver uma boa campanha de *marketing*, ao se apresentarem as criações e as mudanças no *design* de cada coleção. A cada estação, existem tendências inovadoras que se sobrepõem umas às outras. Essas mudanças podem ser trazidas pelos *designers* e indústrias e miram em agradar aos consumidores.

Como signos da cultura ou objetos da ciência, os fenômenos da moda deixam de ser interpretados com diferentes recortes, porque seu discurso é abrangente, podendo ser percebido como expressão de aspectos morais ou éticos e, também, lógicos ou estéticos. Isso envolve características individuais e sociais, servindo como fonte de dados para estudos psicológicos, antropológicos e sociológicos. Além disso, como fenômenos sociais, os objetos e eventos da moda ainda podem ser estudados sob os conceitos da ideologia política, da economia política e da arte, entre outros.

As abordagens semióticas consideram os fenômenos como mensagens a serem interpretadas de acordo com diferentes linguagens. Assim, a partir de outra abordagem da cultura, de caráter semiótico-estruturalista, Barthes (2009) assevera que os sistemas têm significado e apresentam uma estrutura linguística detectável. Nesse sentido, o conjunto de fenômenos materiais e mentais característicos da moda é considerado como sistema de significação, passível de interpretação por meio da linguagem verbal. Portanto, esses fenômenos podem ser interpretados como textos socioculturais e, também, estudados como objetos da ciência.

A teórica Lurie, autora do livro "A Linguagem das Roupas" (1992), defende, em sua obra, que a roupa é usada há milhares de anos como um sistema de comunicação entre os seres humanos. Para ela, "a indumentária é uma língua, e deve ter um vocabulário e uma gramática como o resto das línguas e há muitas delas, com muitos dialetos e sotaques distintos, alguns quase ininteligíveis para os membros de outra cultura". É importante que se entenda a moda como meio de comunicação e linguagem, para "construí-la como expressão de significados que se originam da copresença de linguagens significantes", entendendo-a como a expansão de um conteúdo que pode ser "lido como um texto que, por sua vez, veicula um discurso, e tanto o discurso do corpo como o da moda constroem um determinado sujeito, localizando-o em um momento histórico e em uma sociedade em particular" (Lurie, 1992).

Identificamos como a moda age como um instrumento de comunicação no *case* da marca United Colors of Benetton. Depois de ter constituído um imaginário cheio de jovialidade, descontração, esportividade e muita alegria, a marca alcança cada vez mais popularidade e conquista o mundo da moda com campanha publicitária voltada completamente para a concepção de polêmicas sobre questões sociais que dizem respeito a poluição ambiental, preconceito social, religião, entre outros. A campanha da década de 1990, realizada por meio dos *outdoors* da Benetton, curiosamente, pouco mostra a roupa (mercadoria em questão), mas provoca no consumidor um posicionamento. A moda Benetton não aparece: o que se vê é o *nome*, o *estilo* que corresponde a um imaginário específico.

Isso faz com que a marca agregue valor-símbolo ao produto, seja um bem, um serviço, uma ideia ou uma organização. Na verdade, com uma comunicação clara, a marca formata fatias de "realidade imaginária", próximas ou distantes das representações do mundo cotidiano, prontas para o consumidor projetar-se e eventualmente introjetá-las até conscientemente. Os aspectos dos novos estilos, lançados e propagados pelos meios de comunicação social, transformam-se rapidamente, e, ao mesmo tempo em que a sociedade os idolatra, acaba por renegá-los. Estar "dentro ou fora de moda" transforma-se em um jogo cruel que está sempre em modificação nos desiguais grupos sociais e subculturas diversas. Quanto mais informações visuais contiverem essas coleções, mais absorventes serão.

Baldini informa que há quem defenda que a moda foi derrubada pelos estilos e quem diga que os consumidores se movem agora no interior de um autêntico supermercado de tendências Logo, tudo é tendência, e o cliente adquire e usa o que escolher. Isso torna relativa a influência de quaisquer grupos de pessoas sobre o sentido das tendências. Pois, assim como antigamente, não há mais a presença de uma corte ou uma força de uma arrogante nobreza, para fixar de modo peculiar, com legitimidade e ampla aceitação, o que estaria na moda em um determinado momento. As ideias apresentadas por Baldini (2005) assinalam que a dinâmica da "substituição" do passado cedeu lugar à prática da "suplementação", que acrescenta possibilidades ao que já foi proposto, reciclando e suplementando as propostas anteriores. Contudo, de um modo mais específico, tudo isso deve ser entendido como sintoma sociocultural, cuja base é político-econômica, portanto é revelador sobre as ocorrências circunstanciais e estruturais da sociedade atual.

A moda como instrumento de comunicação faz do vestuário seu maior meio de identificação e de transformação comportamental, sendo que, desde os primórdios dos dias, a humanidade sempre se utilizou de adereços para cobrir seus corpos. Portanto, homens e mulheres utilizam-se da aparência como atitude de protesto a um estado de coisas, de valores, de gostos, de hábitos, de comportamentos; essas aparências são refletidas pelo traje dominante, pelo estilo obrigatório ou pela referência estética comum da sociedade vigente, são contestados, criticados por movimentos "antimoda". Os "especialistas da informação do conteúdo de beleza" cercam-se de jovens, receando a velhice, e utilizam-se de excitantes visuais para conservarem o corpo, aplicando-se massagens, exercícios, cirurgias plásticas, musculação e, não obstante, acompanham a degeneração física e mental, ansiosos e desventurados.

Temos, assim, a exposição do corpo humano como o verdadeiro suporte das roupas, que, por sua vez, precisam de um "cabide" para serem devidamente representadas. Afinal, ainda precisamos nos cobrir por uma questão pudica e estética, sendo que a nudez é parcialmente aceita por uma parcela mínima da sociedade. Então o homem – exposto em plena nudez ou escondido, por vezes – expressa a mentalidade de um momento, os valores predominantes de uma determinada cultura. Ao vivo, esculpido, pintado, fotografado, o corpo é sempre mais que um objeto de arte ou de mero consumo visual banalizado, desvelando a concepção humana.

Desta forma, comunica-se com os demais ao encobrir-se ou se despindo e, antes de qualquer coisa, apresenta o seu valor ou desvalor, o qual lhe é conferido, seja dignidade ou abominação, fragilidade ou força, natureza pecaminosa ou virtuosa. Pode-se, por exemplo, na nudez ou nas diversas formas de encobri-la, embelezá-la ou disfarçá-la, acompanhar as transformações dos conceitos de elegância e de pudor, que cada sociedade e cada momento histórico estabelecem. Transformações essas que são regidas por constantes alterações de comportamento, necessidades e desejos. O universo *fashion* mostra uma melhora incansável na busca de produtos que justifiquem sua essência, ou seja, mudando o tempo todo, nos diversos segmentos da indústria têxtil. Esse processo é fruto de múltiplas alterações de valores e rotinas do homem atual e apresenta-se até mesmo sob outros padrões estéticos do vestuário, obrigando a indústria a reformular velhos conceitos e a própria eficiência do processo criativo e produtivo. Esse traço foi observado por Foucault (1984) em sua célebre afirmação "Fique nu, mas seja magro, bonito, bronzeado!". Ou apresente sua sexualidade, mas no interior de formas socialmente fornecidas e codificadas pelo mercado.

Em relação ao consumidor brasileiro, houve uma certa alteração no seu comportamento de compra, uma vez que houve um acréscimo de pessoas com um aumento de poder aquisitivo, atrelado a uma nova atitude de comunicação de moda.

Constatou-se que suas preferências mudaram, tornaram-se mais diversificadas, e o comportamento, menos previsível, pelo fato de elas receberem informações da mídia em tempo real. Com mais opções, elas tendem a consumir mais, tendo a possibilidade de criar suas próprias maneiras de fazer moda, em consonância com suas experiências mais intensas, já que assimilam as informações de comunicação em função do seu próprio estilo.

Mas o que seria ter um estilo de vida? Basicamente é como uma pessoa vive, concebendo a sua autoimagem. Na moda também há essas categorizações – sejam mercadológicas, com o estabelecimento de segmentos de *jeans*, moda praia, moda masculina, moda infantil, por exemplo, sejam com base no estilo das pessoas, como acontece no dandismo e no antimoda, por exemplo.

Com o uso de uma comunicação expressiva e atuante, as marcas conseguem fazer com que o consumidor possa gastar seus recursos disponíveis, em suas decisões de compra, por meio de seus valores, gosto e preferências.

O *marketing* de moda, como instrumento de comunicação, é o conjunto de ações que tem como objetivo despertar o estilo em cada um, atingindo os clientes atuais e prospectando novos, com o intuito de aumentar as vendas e fortalecer a imagem da marca. Nesse setor, o *marketing*, o *design*, os clientes e a pesquisa de mercado andam em conjunto, trabalhando em constante alinhamento para perceber quais são as tendências de moda, o perfil do seu público-alvo e os canais indicados para alcançá-lo.

Figura 2.1: Moda e estilo

Foto de autor desconhecido licenciada em **CC BY**.
Fonte: Creative Commons. Disponível em: https://creativecommons.org/licenses/by/3.0/.

Lipovetsky informa que existem pessoas que concordam que a moda foi derrotada por uma questão de estilo, e há quem diga, ainda, que os consumidores estão vivenciando a experiência de se sentirem dentro de infinitas possibilidades de tendências. Portanto, tudo é tendência, e o consumidor adquire e usa o que preferir.

Mas como encontramos esse público? Ao mapearmos o comportamento do consumidor com o uso de uma comunicação midiática incisiva e atenta às mudanças do mercado, e ao seu estilo de vida. Mas ele é também bastante influenciado pela sociedade em que está inserido. A esse fenômeno dá-se o nome de espírito do tempo, que Caldas (2005) descreve como "clima geral intelectual, moral e cultural, predominante em uma determinada época".

Após ter esse material estruturado, é o momento de cruzar esses vetores e perceber onde eles se relacionam e de que forma podem contar uma história. Faça arquivos digitais ou analógicos conectando essas temáticas e nomeie cada uma delas. Volte para a moda e analise se esses temas já estão sendo trabalhados pelas grandes marcas internacionais (Chanel, Versace, Prada e Louis Vuitton são alguns exemplos).

Também analise se, além de contemplarem áreas distintas do consumo, essas tendências que você identificou podem ser transformados em estética para a criação de novos produtos, com potencial para gerar cartela de cores, estampas, materiais e formatos de modelagens. Então cruze essas informações com o perfil de público-alvo da marca na qual você está aplicando a pesquisa e veja se elas se relacionam com o seu estilo de vida.

Embora pareça um instrumento moderno do século XXI, o QR code é uma ferramenta de *marketing* elaborada desde os anos de 1990. Mas, com o uso e a popularização dos *smartphones*, essa ferramenta vem sendo cada dia mais utilizada pelas marcas para atrair seu público-alvo; pois se trata de um dispositivo de fácil acessibilidade e que possibilita rapidez em atender às solicitações de cada cliente, alavancando os negócios da empresa. Ao utilizarem o QR *code* de uma maneira bastante criativa e inovadora, as empresas têm em mãos um instrumento de comunicação bastante eficaz.

Assim, *designers* utilizam desses códigos digitais na divulgação de suas coleções, buscando atingir possíveis compradores e imprensa especializada para a exposição de sua marca, da mesma forma que as lojas atraem os clientes para os produtos em destaques, produzindo mensagens personalizadas a cada um. Ao utilizar esse código nas embalagens, a empresa comunica diretamente o usuário sobre o processo de fabricação e todas as especificações de um determinado produto, podendo inclusive direcioná-lo a uma propaganda – um audiovisual – promocional das peças da coleção, por exemplo.

Graças à adoção desse sistema de código, a renovação de estoques acontece de forma cada vez mais veloz, pois obedece à lógica da moda, que produz significados eficazes por certo tempo, mas que logo se tornam ineficazes em razão das novidades que são lançadas em seguida, das novas necessidades e dos estímulos que aparecem. Isso ocorre porque a duração das coisas é programada, uma vez que logo surgirá uma nova atração que poderá substituir aquele objeto, que já se torna velho quando o novo é introduzido no mercado.

À medida que a moda obtém um percentual expressivo – e, às vezes, primordial – na escala de valores, desenvolvem-se verdadeiros impérios em todos os setores, da cadeia têxtil, desde a plantação do algodão até a divulgação nos meios de comunicação do produto no ponto de venda; dos modos e comportamentos humanos até sua forma corporal. Afinal, "estar na moda" não se resume apenas à boa cultura de indumentária, mas sim estar precavido, mediante padrões preestabelecidos pela força poderosa da mídia, sem a qual não se manteria acesa a chama de seu *glamour* nos mais importantes segmentos da atualidade.

Logo, ao adotarmos um estilo de moda, buscamos nos criadores um diferencial que possa apresentar suas ideias de maneira prática e de fácil compreensão, transmitindo seu conceito que o caracteriza, por meio das roupas de sua nova coleção.

Para se criar uma coleção, não é suficiente traçar novo desenho. Para o desenho se tornar moda, deverá ser usado, e não somente em um desfile de modelos. É natural, portanto, que uma boa estratégia de comunicação seja implementada no lançamento de novas coleções.

2.4 Teoria de adoção da moda e sua influência nos consumidores

A moda pode ser caracterizada como um sistema de signos e significados que faz com que ela se transforme em uma forma de comunicação por meio de uma linguagem não verbal.

Mas, afinal, o que são os signos?

O signo pode ser descrito como algo que representa outra coisa, sendo essa outra coisa o seu objeto. O signo só pode ser considerado assim se essa coisa verdadeiramente representar a outra, como se ele estivesse no lugar de seu objeto. Por exemplo: um desenho, uma fotografia, palavras, tudo isso representa algo; logo, são os signos de outros objetos. O desenho de uma casa representa a casa, a fotografia de uma paisagem representa aquela paisagem, uma palavra ou frase dita representa o significado daquilo que foi dito; todos estando no lugar do objeto "real" são signos desses objetos, representando-os.

Uma peça de roupa também é signo quando está representando algo. Para que o indivíduo possa compreender o significado daquele signo, ele precisa conhecer o contexto cultural de onde vem aquele signo, para poder interpretá-lo da forma correta. Crane (2006) concorda, quando explica:

> Muitas peças de grife são suntuosas, luxuosas e quase impossíveis de serem usadas na rua ou no local de trabalho. As roupas criadas por alguns estilistas, em geral os mais jovens, são muitas vezes tão altamente codificadas que não podem ser facilmente compreendidas pelo grande público (Crane, 2006).

Isso significa que, para o autor, se antes os signos nas peças de roupa eram apenas para alguns, e para alguns tipos de roupas, hoje eles estão presentes em toda parte na moda, aproveitados cada vez mais, uma vez que o sujeito moderno tem anseios e necessidade de demonstrar, por meio de suas roupas, toda a sua personalidade dentro de um contexto cultural, ao utilizar a maioria das peças apenas para esse posicionamento. Logo, podemos considerar a moda uma vertente da semiótica, que tem, além de outras funções, a de descrever sua natureza por meio de características simbólicas, sendo essas características os signos, com suas representações em peças e acessórios do vestuário.

Na sociedade atual, em que nos tornamos escravizados do tempo, a velocidade da comunicação chega até nós por meio das mais variadas maneiras de nos encontrar, e sempre aceitamos suas verdades pela necessidade de descartar e substituir aquilo que recentemente consumimos. Isso porque aquilo que produziu fracasso, quebrou a promessa ou deixou de produzir satisfação deve ser abandonado, diferentemente da sociedade de produtores, na qual a perseverança era valorizada e competia ao sujeito tentar outra vez, de forma mais dedicada para que alcançasse aquilo que almejava (Bauman, 2008).

Acontecimentos econômicos, sociais, políticos e culturais são transformados em imagens, cortados em tecidos, costurados em formas que os traduzem para satisfazer e produzir desejos de consumo. É no vasto campo da imagem que eles referenciam o vestuário e a beleza atuais para manter em funcionamento a máquina, à espera de corpos e identidades.

> Não se trata de considerar a Moda como uma máquina monstruosa e perversa. O campo é minado, porém, potente no sentido de expressar as paisagens sensíveis do corpo. Também não se trata de negá-la, mas de empreender ousadias que signifiquem uma escuta

de si, problematizações dos fluxos que atravessam o corpo, das inquietações que o perpassam, dos devires que se produzem na trama subjetiva (Castilho, 2000).

Esse é apenas um dos aspectos da moda. Aceitar, portanto, que o esquema da distinção social seja a chave soberana da inteligibilidade desse meio é de uma ingenuidade teórica assustadora. Já é tempo de desmontar o credo comum de que o realce da moda se encontra no dispêndio demonstrativo como meio para significar uma posição, para despertar admiração e expor um certo *status* social. A busca pelo novo passa a ser a matriz reguladora de um movimento circular interminável, característico da própria dinâmica do fenômeno.

Na moda, o ciclo de vida dos produtos tem se tornado cada vez mais curto, atribuindo-se a esses produtos a função de "cair nas graças" do mercado e atingir o maior número de consumidores em prazos cada vez menores.

O ciclo obedece às seguintes etapas, representadas no gráfico da Figura 2.2.

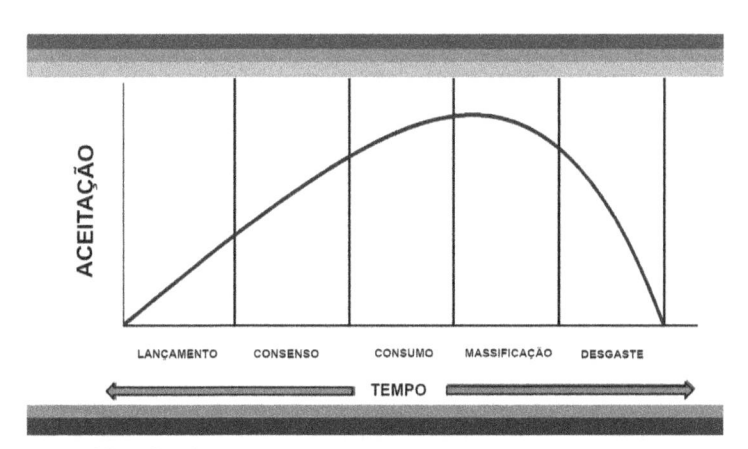

Figura 2.2: Gráfico da divisão de lançamento da moda

Fonte: Elaborada pelo autor.

O tempo de lançamento dos produtos deve estar associado à data em que eles serão apresentados ao mercado, não podendo ser lançados nem antes e muito menos depois do evento programado. Por exemplo, se for uma data sazonal, como Dia das Mães, os produtos devem estar nas vitrines pelo menos uma semana antes do segundo domingo de maio. Se for um produto de coleção, o lançamento deve acompanhar os meios de comunicação que a empresa utiliza para sua divulgação. É necessário, então, aguardar que o produto entre em um consenso, para que os consumidores o aceitem e adquiram gradualmente até que ele chegue ao grande público e, aos poucos, sofra o seu desgaste natural. Nesse ponto é hora de reavaliar e recomeçar um novo ciclo.

Portanto a moda é um fenômeno sociológico. Para que ela exista, deverá ter uma aceitação das pessoas que acreditem e consumam uma ideia que para ela vire moda.

O aparecimento do consumo ocorre no mesmo período que o nascimento da moda. Não é à toa que o filósofo francês Lipovetsky associa a generalização do processo de moda à principal responsável pela sociedade de consumo, porque o bem de consumo passou a ser o objeto de moda. O produto é consumido pelo que representa, por remeter ao consumidor a capacidade de diferenciá-lo, a certa posição e determinado *status*, mais do que pela sua utilidade.

O que se vê, em última instância, é a própria inversão do valor do estatuto "mercadoria". O objeto passa a valer muito menos por si só, seja por sua funcionalidade ou qualidade, e mais pela imagem que sugere e traduz. "Sempre ao lado da mercadoria, consome-se um bem cultural, um sistema de hábitos e valores conotativos de uma sociedade e de seu sistema ideológico"[2]. Nessa perspectiva, pode-se arriscar a dizer que, atualmente, a

---

2   MARANHÃO, J. *A arte da publicidade*: estética, crítica e kitsch. Campinas: São Paulo, 1988.

prática do *shopping*, por exemplo, tornou-se menos uma simples transição econômica e muito mais uma interação simbólica em que indivíduos trocam e consomem imagem.

A teoria de adoção da moda tende a influenciar o comportamento do consumidor ao buscar motivos que o levem a comprar certos produtos, e, para isso, é preciso estudar os pensamentos, sentimentos e ações dos consumidores e as influências que determinam as mudanças na hora da compra.

O motor da moda é, com toda certeza, a forma de comunicação que as marcas utilizam para atingir o consumidor, que, atento às mudanças de comportamento, sente-se atraído pelo novo. Outro estímulo é a vontade da originalidade pessoal por meio da afirmação dos sinais que os meios de comunicação apontam e identificam. Esse desejo de originalidade, desde que a moda se propagou, transforma-se em seu contrário: o único, multiplicando-se e virando padrão. É nesse ponto que a moda se renova aristocraticamente, enquanto se difunde democraticamente. Ao mesmo tempo em que resiste, ela se adapta à corrente, à medida que encontra aí o seu lucro.

Figura 2.3: Consumidora avaliando a qualidade do tecido

Foto de autor desconhecido licenciada em **CC BY**.
Fonte: Creative Commons. Disponível em: https://creativecommons.org/licenses/by/4.0/.

Dessa maneira, constata-se que a mídia propaga a existência de uma "moda". De um lado, meios atuais de produção em massa e procedimentos aperfeiçoados de transportes e distribuição tornaram possível fornecer cópia de todos os modelos novos e exclusivos ligeiramente, em grande número e a preços relativamente baixos, de modo que as pessoas de posses moderadas, nas pequenas cidades, podem usar roupas de desenhos praticamente iguais aos introduzidos, semanas antes, pelas líderes da moda, nas grandes cidades. Há pouca dúvida de que a causa última e essencial resida na competição; competição de ordem social e sexual, na qual os elementos sociais são mais óbvios e manifestos; e os sexuais, mais indiretos, ocultos e não confessos, escondendo-se, como devem, atrás desses.

Para entendermos melhor os paradigmas e paradoxos da moda, podemos nos balizar nas teorias de adoção da moda que se conduz pelos seguintes aspectos:

- *Trickle-down*: podemos chamar essa teoria de gotejamento, que prevê a existência de uma elite de adoção da moda. Uma competição de classes por símbolos; é competição por igualdade social entre classes. Seguindo o caminho de cima para baixo, podemos identificar o início por meio do uso que as celebridades fazem dessa informação, passando pelos formadores de opinião, depois seus seguidores, surgindo depois as primeiras cópias em lojas, divulgando a tendências em suas vitrines e finalizando em um consumo de massa com cópias simplificadas no mercado popular.
- *Trickle-up*: é a teoria que defende o movimento de moda na escala social denominado ebulição, uma hipótese que afirma que o movimento da moda começa com os consumidores em níveis de renda mais baixa e os move para consumidores com renda mais alta.

Temos o fluxo que se inicia nos estilos das ruas e de grupos específicos, passando para o mercado, que o batiza com um determinado nome ou estilo. Depois divulga-se essa nova tendência, que passa atingir o público *fashion* e as lojas de luxo e de artigos exclusivos.

- *Trickle-across*: é a teoria que afirma que a velocidade da adoção de uma nova tendência de moda varia entre grupos pertencentes ao mesmo estrato social. Nesse caso, o líder de opinião de um grupo de pares torna-se importante, e o movimento de adoção pode até sugerir uma mudança geográfica. Consumidores tendem a ser mais influenciados pela opinião dos líderes que seguem, e cada grupo social conta com seus próprios inovadores de moda, que determinam as tendências. A suposição é que a moda se move horizontalmente por intermédio de grupos em níveis sociais semelhantes, de líderes de moda a seguidores. Para Solomon (2002), a chamada moda de rua, "antes de ser adotada pela classe média, deverá ser legitimada pela classe alta que incorpora o novo estilo aos seus hábitos de vestir".

Decerto, a roupa assume uma função distintiva. Marca naquilo que há de mais aparente a diferença entre camadas da sociedade. Descoberta a magia do vestuário em forma de emblema distintivo, classes sociais usam e abusam desse mecanismo para se sobreporem. E, para garantir a distância social, as classes superiores veem-se obrigadas à inovação. As classes inferiores correm para imitar os outros que lhes são superiores, e estes, por sua vez, partem em busca de algo novo que os diferencie.

Alguns temas podem ser prontamente explicados pela alusão consciente da moda a alguma imagem específica, tal como o jeito de certos atores ou cantores, ou de atletas ou governantes, ou ainda pessoas que representam um país ou uma causa nos meios de comunicação. O que dizer a respeito de uma "febre louca" por certo tipo de gola, a colocação dos bolsos, o modo de amarrar os sapatos ou o estilo dos bonés? O que poderiam essas coisas ter a ver com as propensões psicológicas atuais? Quem as inicia e por que outros realmente as amam? Na verdade, por que apenas alguns as adoram? O que faz as pessoas seguirem determinadas regras de comportamento e de moda?

A moda constitui, nos dias de hoje, uma das maiores formas de consumo da sociedade, mostrando a importância que tem na construção social de todos os lugares. Isso se deve ao fato de que a roupa, como já vimos, é uma espécie de espelho de como as pessoas, de diferentes épocas, enxergam a sua própria posição e seu *status* diante da sociedade. Com ela nos sentimos mais poderosos, mais bonitos, mais feios, mais simpáticos, mais agradáveis, mais desinibidos, e tudo mais que é possível, e é esse poder da roupa sobre nossos sentidos que fortalece o nosso desejo de consumir cada vez mais. Em uma sociedade tão ligada à estética e à comunicação visual como a nossa, o consumo de roupa acaba exercendo um papel cada vez mais importante e necessário na construção e apresentação da identidade pessoal.

De qualquer forma, atualmente, alcançar ideais estéticos por meio da moda se tornou mais fácil, uma vez que antes (até a época da Revolução Industrial, em que as peças passaram a ser fabricadas em série e se tornaram mais acessíveis e ecléticas), a moda apresentava regras rígidas de vestimenta, ou seja, ideias de beleza difíceis de alcançar. Hoje, na moda de consumo (que veio depois do *prêt-à-porter*), existe muito mais diversidade estilística e menos rigidez sobre o que está ou não "na moda", ou seja, sendo o atual ideal de beleza.

Acreditamos que, com isso, houve um aumento do consumo de produtos do setor de moda. Mas o que é consumo?

Consumo é uma atividade econômica ao lado da produção, distribuição, repartição dos rendimentos e acumulação, que consiste na utilização, na destruição ou aquisição de bens e serviços. Diversos fatores influenciam o consumo, desde os hábitos do comprador até a relação entre a oferta e a demanda do mercado, a concorrência, entre outros. Uma das dimensões principais do consumo é a cultura.

Destacamos alguns tópicos de se consumir, tais como:

- Consumo consciente: o consumo consciente parte de compradores mais atentos às implicações socioambientais de seus hábitos de consumo. Envolve: a redução no consumo de água e energia, como forma de não desperdiçar recursos naturais; compras mais planejadas, evitando excessos; e busca por marcas e fornecedores responsáveis, que, em sua cadeia de suprimentos, procurem reduzir o impacto social e ambiental de sua atividade econômica.
- Consumo sustentável: conceito semelhante ao do consumo consciente, o consumo sustentável é mais abrangente. Representa toda uma mudança na percepção do papel do consumidor na sociedade de consumo, mais responsável pelo que compra e pelos resíduos que gera. Inclui o gerenciamento pessoal de recursos naturais, melhor aproveitamento dos bens, além da atenção às marcas e empresas que entram em seu círculo de consumo.

A expressão "sociedade de consumo" vem de estudos da sociologia sobre as práticas de compra modernas. Designa um tipo de consumo crescente e acumulador, caracterizado pela obsolescência das coisas e geração de necessidade sem valor. Assim, podemos dizer que:

- Para a maioria dos bens, a sua oferta excede a procura, levando as empresas a recorrerem a estratégias de *marketing* agressivas e sedutoras, que induzem o consumidor a consumir, e permitindo-lhes escoar a produção.
- A maioria dos produtos e serviços está normalizada; os seus métodos de fabricação baseiam-se na produção em série, recorrendo a estratégias de *marketing* que permitam o escoamento permanente dos produtos e serviços.
- Os padrões de consumo estão massificados, e o consumo assume as características de consumo de massas.
- Podemos dizer que o consumo de alguns produtos é uma forma de integração social.

Existe uma tendência para o consumismo (um tipo de consumo impulsivo, descontrolado, irresponsável e frequentemente irracional). Muitas vezes até para suprir faltas e vazios.

Quando falamos de moda, estamos imersos em um sistema de preferências, de modificação de gosto individual ou coletivo. Seguir determinada moda, ou forma de vestir-se, significa adotar individualmente sinais exteriores que contestam ou se enquadram no sistema de norma contratuais previamente determinadas.

Ao analisarmos o gráfico na Figura 2.4, vamos conseguir identificar o papel da moda dentro da sociedade do consumo. Ao utilizarmos a teoria de adoção da moda, podemos perceber a importância das marcas de se posicionarem no mercado junto aos seus clientes.

Ao apresentarmos um produto que traz a característica de *sedução x provocação*, temos junto ao consumidor uma sensação de um corpo revelado – por exemplo, uma peça de *lingerie* de seda vermelha, que deixa o colo e as coxas mais à mostra, pode despertar no indivíduo diversos desejos e fantasias.

Quando utilizamos da *sedução x intimidação*, obtemos um corpo velado – ao vestir um terno preto, a pessoa se torna importante e respeitável; vejamos os seguranças, por exemplo. Ao passo que, se utilizarmos a moda no sentido de *provocação x tentação*, temos um corpo não velado. Podemos citar os fetiches que a moda impõe ao utilizar couros e peles, botas de cano alto e sapatos com salto agulha, que tanto cativam várias pessoas. Quando se passa no campo da *sedução x provocação*, encontraremos um corpo velado, em que a pessoa provoca e seduz mostrando apenas partes do seu corpo. Por exemplo: uma blusa decotada e com detalhes de rendas na gola.

E, finalmente, ao utilizarmos da *intimidação x tentação*, temos um corpo não velado – quando as marcas criam peças que despertam esses sentimentos nos consumidores, como os artigos *corselet* e espartilho, por exemplo.

Figura 2.4: Moda x comportamento do consumidor

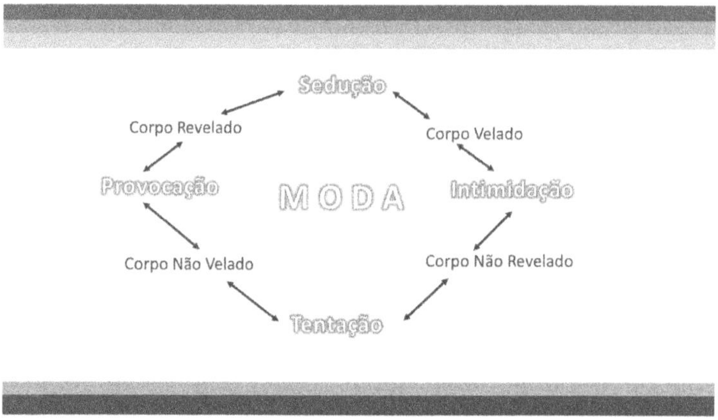

Fonte: Elaborada pelo autor.

2.5 Teoria de comunicação da moda e formas de manifestação cultural

Os meios de comunicação possibilitam uma comunicação facilitada e a transmissão de informações entre as pessoas, e à medida que a sociedade evoluiu com o passar dos anos, as ferramentas de comunicação também sofreram diversas transformações e diminuíram cada vez mais a distância entre os povos, permitindo que as informações se disseminassem cada vez mais rápido, podendo ser individuais, como, por exemplo, o *e-mail*, ou meios de comunicação em massa, como a televisão e *internet*.

Barnard (2003) é um dos vários autores que pesquisam e tratam a moda como meio de comunicação, enfatizando que a vestimenta é um meio de o indivíduo, como emissor, comunicar suas mensagens a um receptor. Para ele, a moda é um fenômeno cultural compreendido "como parte de um sistema de significados", e enfatiza que "a moda e a indumentária são formas de comunicação não verbal uma vez que não usam palavras faladas ou escritas, e fenômenos culturais que promovem a interação social" (Barnard, 2003).

O conceito de moda é por demais abrangente e vai além do normalmente apresentado, como somente por meio de roupas e desfiles. Segundo Mike Easey (2008), "moda tem a ver com mudança". Portanto a moda tem várias ações realizadas pelo homem. O sociólogo e professor francês Gilles Lipovetsky acredita nessa mesma opinião, de que essa variação de referenciais no nosso cotidiano está presente cada vez mais na sociedade moderna, a qual ele classifica como "o império do efêmero". Assim, a moda que se refere ao vestuário também está relacionada com a transformação, "substituição do velho pelo novo, do assunto ultrapassado pelo mais atual, do 'fora de moda' pela 'última moda'" (Caldas, 2005).

O vestuário, por exemplo, é uma parte da cultura material da moda que demonstra seus valores simbólicos e míticos. Para Sant'Anna (2007), "a moda situa-se no campo do imaterial, entretanto sua materialidade e expressividade dão-se através do vestuário". A moda e o vestuário significam e expressam valores que os consumidores anseiam em comprar e anunciar. Quando nos referimos à moda, estamos envolvidos em um sistema de preferências, de modificação de gosto individual ou coletivo. Listamos alguns tipos de consumidores que se encontra no mercado:

- Experimentadores: jovens impulsivos, que gastam parte de sua renda com produtos que satisfaçam seus desejos imediatos.
- Crédulos: conservadores, são comprometidos com a família, marcas tradicionais e produtos nacionais.
- Lutadores: preocupam-se com a aceitação dos outros e buscam ter estilo. Têm poucos recursos econômicos, mas amam aqueles que imitam os de luxo.
- Batalhadores: práticos e autossuficientes, vivem em conjunto tradicional familiar e preferem produtos básicos e funcionais.
- Sobreviventes: são pessoas mais velhas e passivas, não distinguem mudanças com bons olhos e são fiéis às suas marcas favoritas.

Devemos também conseguir delimitar a preferência dos consumidores, identificando-os conforme suas preferências, que podemos classificar como:

- Preferências homogêneas: todos os consumidores têm praticamente as mesmas preferências. As marcas que atendem esse tipo de segmento costumam ter as mesmas características, já que visam atender às mesmas necessidades.

- Preferências difusas: neste segmento, há consumidores com os mais diversos tipos de prioridade; logo, algumas empresas irão se posicionar de forma mais "neutra", a fim de atender às necessidades da grande maioria, enquanto outras focarão públicos menores dentro deste segmento.
- Preferências conglomeradas: o mercado apresenta preferências diferentes, porém reunidas em grupos maiores que o de preferências difusas. Algumas empresas criam marcas ou produtos para acolher mais de um grupo dentro desse setor.

A indústria da moda envolve muito mais que produção e comercialização de roupas e acessórios; envolve toda a mídia de massa, agências de propaganda, agências de modelos, consultorias empresariais e especializadas. Em se tratando de Brasil, a moda é ao mesmo tempo responsável por um expressivo número de empregos diretos – na indústria e no comércio – e indiretos, como é o caso, por exemplo, das agências de publicidade, assessorias de imprensa, consultorias e da própria imprensa.

A indústria da moda mundial sempre foi produtiva e apresentava números bem relevantes e significativos, ocupando um espaço em destaque na economia. Contudo veio a pandemia, e esses números se alteraram bruscamente, obrigando aos produtores e criadores se reinventassem para voltar a crescer. No período pandêmico, muitas lojas físicas fecharam suas portas, devido à mudança do comportamento do consumidor, que passou a procurar mais praticidade ao receber suas encomendas no conforto do seu lar, devido ao isolamento social.

Desta forma, houve um aumento significativo do consumo de produtos de moda de forma *online*, principalmente ao oferecer ao público uma moda mais confortável para ser utilizada para trabalhar em casa com estilo, levando as pessoas a realizarem compras cada vez mais conscientes, ao adquirirem apenas o necessário para se sentirem bem. Com o término da pandemia, em 2022, as pessoas voltaram a circular pelas ruas e começaram a buscar por algo inovador e diferente.

Diante do atual panorama mundial, fez-se necessário que as marcas inovassem, reinventando-se e reaprendendo a toda hora, de modo a desenvolverem novos processos e proporcionar novas experiências ao seu público consumidor, pois, após o período pandêmico, é notório que todo o mercado da moda foi impactado. Podemos dizer que, da alta costura até as redes de *fast fashion*, do grande *player* da moda até o pequeno empresário, todos passaram por um colapso mundial, que reflete, além de mudanças de valores, mudanças de paradigmas na formatação de negócios. É um novo mundo que está nascendo e trazendo consigo janelas de novas oportunidades.

> Entre essas novas oportunidades, destacamos a economia criativa, que aborda as vertentes culturais, sociais e econômicas que atingem toda a cadeia de produção, desde o ciclo de criação, processos produtivos, logística e consumo de bens e serviços derivados dos setores criativos da moda, com o intuito de fazer um ato inovação que lance riqueza cultural e econômica.

Muito se fala em inovação e como ela é essencial para se destacar no concorrido mercado de moda; mas, afinal, o que é inovar? E ainda, saindo do campo dos conceitos, como você pode aplicar isso na prática, como empreendedor de moda ou profissional da comunicação? Podemos dizer que as inovações nascem a partir de um ajuste de conceitos cujo desafio está em solucionar uma dificuldade. Concluímos então que inovar precisa de muito mais de criatividade, planejamento estratégico e conhecimento de mercado, do que de capital.

Sabemos que, na moda atual, a personalidade tem muito a ver com a forma de usar e combinar as peças, e não tanto sobre os produtos em si, colocando o consumidor em uma posição de criador da inovação. Nesses casos, a demanda é percebida quando as pessoas usam roupas de um estilo diferente e o mercado assimila esse comportamento, resultando em uma inovação. Um exemplo é a calça *jeans* de barra desfiada. A tendência surgiu entre os jovens para demonstrar desleixo e para marcar um posicionamento de contracultura.

Esse comportamento, atrelado a uma comunicação não verbal vindo da rua, fez com que as marcas de *jeanswear* passassem a oferecer peças desgastadas e puídas em seu catálogo, transformando-as em uma tendência usada por consumidores das mais diversas classes sociais. O fato é que inovar é essencial para garantir a sobrevivência de uma marca de moda no mercado.

Mesmo as marcas que se dedicam a um tipo de produto específico precisam, no mínimo a cada seis meses, colocar novas versões no mercado, atualizando cores, materiais ou estampas. Começaremos delimitando a inovação de produto, que é aquela que envolve a criação de produtos e serviços novos, sempre pensando em oferecer algo não contemplado pelo mercado, e o aperfeiçoamento de mercadorias já existentes.

Um exemplo interessante para pensar na inovação de um produto já existente é o zíper, que foi criado em 1912. Já havia no mercado um produto que atendesse à demanda de fechamento, o botão; no entanto, o mecanismo dentado desse novo aviamento trouxe uma melhoria significativa ao ato de fechar uma peça de roupa. Ilustrando uma mudança relevante no âmbito organizacional na indústria do vestuário, temos a substituição das fiações e cardamentos manuais pelo maquinário têxtil, otimizando processos, baixando custos e possibilitando criações em larga escala.

A influência do jovem como indivíduo não pode ser mais negada. Ele despreza a sociedade de consumo e rejeita a estrutura de vida dos pais. Enfim, ganha espaço para dizer o que pensa e a que veio. A roupa passa efetivamente a ouvir e a suprir suas necessidades. O *jeans* ganha cada vez mais espaço. Surge a moda unissex.

> Expressão das aspirações a uma vida privada livre, menos opressora, mais maleável, o jeans foi a manifestação de uma cultura hiperindividualista fundada no culto do corpo e na busca de uma sensualidade menos teatralizada. Longe de ser uniformizante, o jeans sublinha de perto a forma do corpo, valoriza os quadris, o comprimento das pernas, as nádegas (Lipovetsky, 2007).

Desta maneira, uma das ferramentas e metodologias que podemos utilizar é a publicidade, que se tornou viável na *internet* por seus valores serem menores do que na mídia tradicional, além de poder segmentar o público que terá acesso ao anúncio e, com isso, descobrirá seu caminho e estilo. A moda autoral é o caminho contrário do mercado da cópia. É onde o *designer* ou diretor criativo vai criar produtos que sejam resultado de pesquisas de diversas fontes, causando sua interpretação sobre tudo isso. A moda autoral é sobre desenvolver uma assinatura que seja possível de replicar em todas as suas coleções, mas sempre de maneira diferente, de forma que o consumidor, ao olhar tal produto, identifique seu criador.

Ao escolher um produto em detrimento de outro, a lógica do consumidor vai muito além do preço ou se ele atende a suas demandas. A motivação se encontra, muitas vezes, em um lugar menos lógico. Alegria, frustração, tristeza, vergonha, culpa, confiança: são inúmeras as motivações que provêm do campo dos sentimentos, mesmo sem que o sujeito perceba. O consumo se torna, assim, uma extensão da personalidade, e isso fica ainda mais claro quando se fala da aquisição de produtos de moda, sejam roupas, calçados, bolsas ou acessórios.

A função social desses bens está em exteriorizar características daquele que o veste, ou, ainda, projetar para o outro como ele gostaria de ser. Como apontado por Façanha e Mesquita (2018): "O comprador passa a consumir além dos produtos, imagens", que oferecem tanto a possibilidade de diferenciação de seus pares quanto de pertencimento a um determinado grupo.

Podemos destacar como manifestação cultural que, durante os anos 1990, popularizou-se na moda o conceito de "tribos urbanas", a partir do termo cunhado pelo sociólogo francês Michel Maffesoli (1988). A década trouxe um movimento de identificação de estilos de moda muito forte, principalmente entre os jovens, que passaram a assumir identidades semelhantes a partir da escolha de suas roupas. O paralelo com a ideia de tribo era justamente para mostrar uma noção de pertencimento muito forte, que partia da construção de uma imagem de moda.

Figura 2.5: A cultura *punk* ditando tendências

Foto de autor desconhecido licenciada em CC BY.
Fonte: Creative Commons. Disponível em: https://creativecommons.org/licenses/by-nd/2.0/.

A globalização e o acesso facilitado à *internet* e às informações de moda tornam os consumidores mais plurais em seus formatos de expressão, e, com isso, o termo parou de fazer sentido. A moda passa a adotar o termo estilo de vida (do inglês *lifestyle*) para categorizar os indivíduos não somente pela sua aparência, mas pelos pilares principais de sua vida, como trabalho, lazer, socialização e hábitos de consumo. Teve início um movimento de perceber que o consumidor busca ser único, mesmo entre seus iguais.

O foco do estudo desloca-se do núcleo tribal para esses consumidores singulares, que estão em locais diversos do mundo, com seus estilos de vida peculiares, mas que, ainda assim, apresentam semelhanças em sua forma de vestir. Outro fenômeno atual que não deve ser deixado de lado é que o mesmo cliente pode adotar determinado estilo em um dia e vir a mudá-lo no dia seguinte, ou mesmo mesclar referências diferentes ao mesmo tempo.

Entender esses movimentos é essencial para que você possa prever o comportamento do consumidor, e dessa forma saber qual tendência ele buscará em seguida. Isso porque esses movimentos fazem parte de um movimento maior, que não abrange somente a moda, mas sua forma de agir e seu consumo como um todo.

Essa é uma *expertise* que as marcas de sucesso dominam e está localizada na fase inicial da concepção dos produtos de moda, durante a pesquisa. Tal mapeamento possibilita que uma marca atenda uma gama maior de consumidores, por nortear a comunicação de um mesmo produto para diferentes tipos de perfis. Os ingredientes essenciais para a inovação partem da combinação do capital humano com o suporte da tecnologia. É possível que nem todas as marcas consigam ter essas duas ferramentas atuando juntas, de modo que é possível escolher com qual delas a empresa tem maior afinidade para investir.

A relevância da publicidade nesse contexto tem razões claras. A desordenada preocupação por adquirir, a qualquer preço, a ansiedade para ser bem-visto e acatado no meio social; acompanhar as exigentes tendências da moda; a inquietação para estar bem-informado sobre os temas superficiais de cada momento transtorna os equilíbrios emocionais da criatura, arrojando-a aos abismos da perda da identidade, à desestruturação pessoal, à confusão de valores.

Qual é a influência da mídia na moda? E o que a sociedade tem feito para acompanhar as tendências ditadas pela mídia? Quais são os sacrifícios para alcançar os padrões da moda?

Enquanto um autor como Erner (2005) indica as causas da convergência cultural, que é proposta no contexto comercial da moda, já Baldini (2005) dá voz aos que denunciam a ampla divergência estilística, como justificativa para que manifestações muito diferentes sejam participantes das tendências da moda em um dado momento. Baldini (2005) informa que "há quem defenda que a moda foi derrubada pelos estilos e quem diga que os consumidores se movem agora no interior de um autêntico supermercado de tendências". Portanto, tudo é tendência, e o consumidor adquire e usa o que preferir.

No gráfico da Figura 2.6, podemos observar todas as áreas que convergem para a moda e suas específicas categorias que contribuem para o sucesso da comunicação midiática.

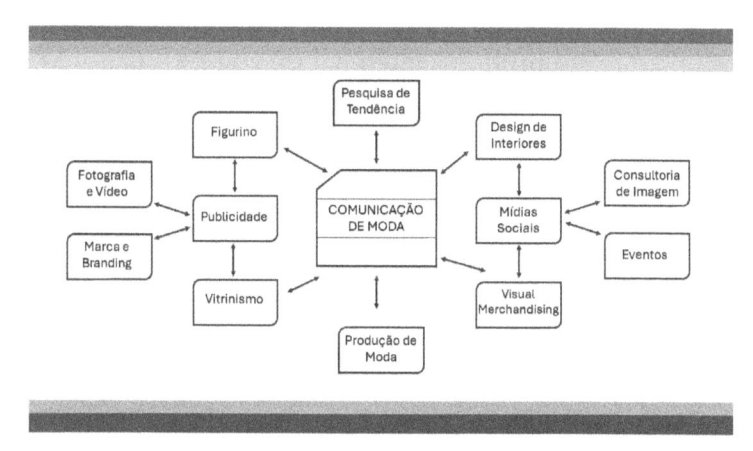

Figura 2.6: Moda x comunicação de moda

```
                    Pesquisa de
                    Tendência
       Figurino                    Design de
                                   Interiores
Fotografia                                     Consultoria
e Vídeo                                        de Imagem
           Publicidade   COMUNICAÇÃO   Mídias
                          DE MODA      Sociais
Marca e                                        Eventos
Branding
                                       Visual
       Vitrinismo                      Merchandising
                    Produção de
                    Moda
```

Fonte: Elaborada pelo autor.

A comunicação de moda tem papel fundamental na divulgação do produto elaborado pelo *designer*, uma vez que é ela que faz a ligação nas novas formas de manifestação cultural, como, por exemplo, utilizando a divulgação nas mídias sociais, atuando em campanhas publicitárias, nas quais serve para enaltecer os elaborados figurinos que transmitem o conceito da marca. Pode também apresentar essa ideia nas lojas físicas com a exploração das vitrines, demonstrando ao público as novidades da coleção. O acesso às redes sociais, tais como Instagram, TikTok, Facebook, entre outras, é de grande importância por parte das marcas para se comunicarem com seu público, que espera que a marca seja constantemente atualizada.

Em relação ao consumidor brasileiro, constata-se que suas preferências mudaram, tornaram-se mais diversificadas, e o comportamento, menos previsível, pelo fato de ele receber informações da mídia em tempo real. Isso faz com que tenha mais opções, consuma mais, deseje criar suas próprias maneiras de fazer moda, em consonância com suas experiências mais profundas, porque assimila as informações em função do seu próprio estilo. Ele não quer usar produtos idênticos aos que todo mundo usa; ao contrário, prefere produtos diferenciados que reflitam suas necessidades próprias e especiais, personalidade e estilo de vida. Portanto compra os produtos em razão das características que agregam, ou seja, as qualidades técnicas, ergonômicas e estéticas.

Na atual sociedade de mercado, esse interesse é tão acentuado que os estudiosos do assunto debatem se, na realidade, as tendências de moda e consumo estão sendo descobertas ou inventadas e impostas por meio da mídia especializada. Há ainda outro ponto de discussão sobre o modo como as tendências são ou não produzidas.

Para os produtos do vestuário, o *design* e as tendências de moda são fatores estratégicos e determinantes para a competitividade da empresa. O *design*, além das muitas atribuições, deve propor novas e criativas combinações de formas e estilo. Quanto à moda, funciona como fator de diferenciação, estritamente ligado à questão da modernidade, na busca pelo novo, pelo desejo e pelo que seduz o consumidor.

Porém, de maneira mais ampla, tudo isso deve ser percebido como sintoma sociocultural, cuja base é político-econômica, portanto é revelador sobre as ocorrências circunstanciais e estruturais da sociedade atual. Do ponto de vista acadêmico, as expressões da moda e sua dinâmica compõem um campo de pesquisa valioso para o conhecimento da cultura e da sociedade.

Analisando que a moda representa uma das indústrias mais globalizadas – ao lado da grande necessidade de que as marcas se tendem a voltar para o novo panorama mundial combinado pela reinvenção e inovação –, novos caminhos devem ser traçados diante da indústria da moda, e, nesse panorama, aparecem determinadas tendências e possibilidades para o setor da moda, como, por exemplo:

- Digitalização de suas operações: há quem acredite que o futuro da moda será totalmente digital. Podemos notar isso nas diversas marcas de luxo que agruparam em sua estratégia de comunicação os influenciadores e modelos digitais.
- Diminuição da produção: devido à mudança de comportamento de compra, muitos consumidores não terão a mesma capacidade de ter o que possuíam anteriormente e, além disso, passam a entender melhor o propósito de suas roupas e acessórios. E pesquisas já apontam que os consumidores procuram cada vez mais por peças mais sustentáveis e de longa resistência.
- Parcerias com outras marcas: apostando no modelo de *e-commerce* colaborativo.
- Valorização do mercado nacional: o mercado interno passa a ser visto com bons olhos, em resultado das necessidades que apareceram com as medidas de contenção da pandemia, tornando-se uma grande ocasião para o fortalecimento e crescimento do mercado interno e dos pequenos empresários.

Ao utilizarem ações de *marketing* desenvolvidas para se comunicar com clientes, os responsáveis pela estratégia devem estar alinhados com a missão, características e objetivos da marca, assim como o que ela ambiciona em resultados financeiros e relacionamento com os clientes. Ao ter essas respostas, a empresa começa a se adaptar à sua realidade e desenvolve os seguintes posicionamentos:

- Conceito de produção: os marqueteiros de plantão devem se balizar na ideia de que o consumidor quer mais produtos disponíveis e mais baratos, e, assim, o foco é menor em atingir os desejos, mas aumentando

a eficiência da produção e distribuição, com o objetivo de ter altos volumes a custos baixos.
- Conceito do produto: despertar nos clientes uma vontade de possuírem produtos de alta qualidade e com *performance* e atributos diferenciados. Tem uma menor atenção nos desejos dos consumidores e um maior destaque em seu *design*. Contudo é necessário ter cautela, pois há a possibilidade de a marca investir muitos recursos para uma peça que pode não ser aceita no mercado.
- Conceito de *marketing*: o *marketing* de moda aponta para entender o cliente tão intensamente quanto ele mesmo se conhece, concentrando-se nos clientes, buscando atingir seus desejos em detrimento de sua própria disposição.
- Conceito de venda: neste critério, os publicitários defendem a teoria de que os produtos não serão suficientemente comprados em larga escala, a menos que a marca desenvolva uma campanha bem agressiva, tanto de vendas quanto de promoção. Principalmente naqueles produtos que não saem tanto. E, para modificar isso, devem fazer mudanças diferenciadas, como reaproveitar estampas em outra coloração e região, dar destaque especial nas redes sociais, oferecer para celebridades divulgarem o determinado artigo, entre outras ações.
- Conceito de *marketing* social: discute se o produto é bom para o bem-estar geral da coletividade, e não somente se satisfaz uma necessidade. Utilizam-se técnicas sustentáveis e que não agridem o meio ambiente, sem renunciar à qualidade e utilidade. Tem um papel de responsabilidade perante a sociedade.

A comunicação da moda por intermédio do *marketing* funciona como meio para alcançar a tática de *marketing* de moda, e, portanto, as empresas passam a utilizar o *mix* de *marketing*: produto, preço, praça e promoção. O produto atende à necessidade do consumidor, portanto as peças deverão evoluir durante o tempo todo; a elaboração do preço deverá estar de acordo com as possibilidades que o cliente tem para a compra do produto, sem se esquecer dos custos, dos investimentos e do lucro que a empresa deve adotar. Já a localização passou de um ambiente físico para um ambiente virtual, ou seja, estar nas redes sociais, divulgando suas coleções, seus produtos e apresentando o conceito da marca. Contudo, caso haja também a loja física, esta deverá atender aos requisitos de conforto, adequação e integração para a realização da compra – seja em loja física ou *online* – e, no critério de promoção, deverá abranger todas as formas de a empresa se comunicar com os consumidores a respeito de seus produtos: publicidade, promoção de vendas, desfiles de moda, *blogs* etc.

Por fim, chegamos à inovação na área do *marketing*, bastante relevante aos profissionais da comunicação, por se referir as formas de promoção dos produtos e da colocação deles no mercado. Aqui não podemos deixar de olhar para o uso das redes sociais, que possibilitaram que a propaganda das marcas de moda, antes restrita às revistas, chegasse muito mais rápido – e com menos custo – aos consumidores.

Considerações sobre o Capítulo 2

Esperamos, com estas breves palavras, demonstrar ao leitor a relevância de entendermos o fenômeno do consumo de vestuário de moda e mostrar a sua importância na sua divulgação por meio de instrumentos de comunicação de massa, mostrando-se para a sociedade contemporânea como uma importante forma de expressão e interação social, atrelados a uma estratégia de *marketing*, uma vez que as pessoas consomem produtos de moda como um meio de se comunicarem umas com as outras.

Assim, vemos na comunicação de moda a necessidade de se organizar como uma ordem de signos e de significados dentro de um processo de racionalização para conseguir justificar o consumo e valorizar seu conceito, eliminando seus arquétipos de efemeridade, convertendo então os signos em uma razão lógica. Mas a moda, além de cumprir função simbólica como sinalizadora da inovação, tende ao declínio se for apenas eficiente simbólica ou emocionalmente, quase não cumprindo o seu papel funcional (Abrahamson, 1991).

Como forma cultural, a comunicação por meio de suas intersecções é o principal meio de se relacionar com as pessoas; é por meio dessas relações que as pessoas conseguem viver em sociedade. Porém, para que a comunicação chegasse a seu estado atual, milhares de anos se passaram, e, junto ao seu avanço, a tecnologia fundamentada nas mídias veio contribuir para o seu desenvolvimento.

Transformando-se em um instrumento ativo de comunicação de massa, a moda passa a atingir uma grande parte da sociedade, que busca, ao vestir-se de acordo com as tendências, uma forma de se sentir pertencente a uma determinada tribo urbana, a qual, em razão de sua vestimenta, passa a ser aceita pelo grupo.

Como profissional que atua na comunicação de moda, a primeira coisa que você precisa saber é que, ao utilizar a moda como um instrumento de comunicação efetiva, a marca transforma-se em uma presença que permeia o imaginário do consumidor mesmo antes da escolha dos produtos, e que continua em sua vida no pós-compra. Como bem explica Carvalhal (2016), "as marcas com propósito e estilo de vida são as marcas do futuro, pois essas conseguem perceber que a moda vai além da roupa". Elas conseguem contar histórias, e são as histórias que de fato conquistam os clientes.

Portanto, os estilos passam a ser apresentados por uma teoria de adoção da moda que leva as pessoas a aceitarem, em um determinado momento, a influência de divulgadores e promotores de moda e estilo sobre aquilo que elas devem vestir e usar para se sentirem antenadas com a modernidade. Por outro lado, tem também o aspecto de seguirem uma moda ditada pela rua, que aos poucos passa a ser aceita pelas etiquetas de uma determinada elite.

E apresentamos, por fim, que, ao estudarmos o comportamento do consumidor, buscamos entender os motivos que levam os consumidores a comprar certos produtos e não outros. E, para isso, é preciso estudar os pensamentos, sentimentos e ações dos consumidores e as influências sobre eles que determinam mudanças. A prática do consumo associa-se à participação em um mundo de prazeres, em que o sujeito se sente realizado ao adquirir o objeto almejado, o que produz uma sensação de liberdade e poder.

REFERÊNCIAS

ABRAHAMSON, E. Managerial fads and fashions: the diffusion and rejection of innovations. *Academy of Management Review*, v.16, n.3, Jul, p.586-612. 1991.

BALDINI, M. *A invenção da moda*. São Paulo: Editora Edições 70, 2005.

BARNARD, M. *Moda e comunicação*. Rio de Janeiro: Editora Rocco, 2003.

BARTHES, R. *Sistema da Moda*. São Paulo: Ed. Martins Fontes, 2009

BAUMAN, Z. *Identidade*. São Paulo: Editora Zahar: 2008.

CALDAS, D. *Observatório de sinais*. São Paulo: Editora Senac, 2005.

CARVALHAL, A. *Moda com propósito*: manifesto pela grande virada. São Paulo: Editora Paralela, 2016.

CASTILHO, K; MARTINS, M. *Discursos da moda*: semiótica, design, corpo. São Paulo: Editora Anhembi Morumbi, 2005.

CRANE, D. Moda, identidade e mudança social. *In*: Crane, D. (org.). *A moda e seu papel social*. São Paulo: Senac São Paulo, 2006.

EMBACHER. A. *Moda e identidade*: a construção de um estilo próprio. São Paulo. Editora Anhembi Morumbi. 1999.

ERNER, G. *Vítimas da moda?* Como a criamos, por que a seguimos. São Paulo: Editora Senac São Paulo, 2005.

EASEY, M. *Fashion marketing*. Oxford: Blackwell, 2008.

FAÇANHA, A.; MESQUITA, C. *Styling e criação de imagem de moda*. São Paulo: Editora Senac São Paulo, 2018.

FLÜGEL, J. C. *A psicologia das roupas*. São Paulo: Editora Mestre Jou, 1966.

FOUCAULT, M. *História da sexualidade*. Rio de Janeiro: Editora Graal, 1984.

HOLLANDER, A. *O sexo e as roupas*: a evolução do traje moderno. São Paulo: Editora Rocco, 1996.

LIPOVETSKY, G. *Império do efêmero*: a moda e seu destino nas sociedades modernas. São Paulo: Editora Companhia das Letras, 2003.

LIPOVETSKY, G. *A felicidade paradoxal*: ensaio sobre a sociedade de hiperconsumo. São Paulo: Companhia das Letras, 2007.

LURIE, A. *A linguagem das roupas*. Rio de Janeiro: Editora Rocco, 1997.

MAFFESOLI, M. *Le temps des tribus*: le déclin de l'individualisme dans les sociétés postmodernes. Paris: Éditions Klincksieck, 1988.

MARANHÃO, J. *A arte da publicidade:* estética, crítica e kitsch. Campinas: São Paulo, 1988.

MESQUITA, C. *Incômoda moda*: uma escrita sobre roupas e corpos instáveis. 2000. 196 p. Dissertação (Mestrado em Psicologia Clínica) – PUC-SP, São Paulo, 2000.

MORIN, E. *Cultura de massa do século XX*: o espírito do tempo. Rio de Janeiro: Editora Forense Universitária,1987.

SANT'ANNA, M. R. *Teoria de moda*: sociedade, imagem e consumo. Barueri: Estação das Letras, 2007.

SOLOMON, M. *O comportamento do consumidor*: comprando, possuindo e sendo. Tradução: Lene Belon Ribeiro. 5. Editora Porto Alegre: Bookman, 2002.

SVENDSEN, L. *Moda*: uma filosofia. Rio de Janeiro: Editora Zahar, 2010.

THOMPSON, J. B. *Ideologia e cultura moderna*: teoria social crítica na era dos meios de comunicação de massa. Petrópolis: Editora Vozes, 2011.

THOMPSON, D. *Hit makers*: como nascem as tendências. Rio de Janeiro: Editora Harper Collins, 2018.

WILSON, E. *Enfeitada de sonhos*. São Paulo: Editora Arte e Comunicação, 1989.

ZAMBRINI, L. Olhares sobre moda e design a partir de uma perspectiva de gênero. *dObra[s] – revista da Associação Brasileira de Estudos de Pesquisas em Moda*, [S. l.], v. 9, n. 19, p. 53–61, 2016. DOI: 10.26563/dobras.v9i19.452. Disponível em: https://dobras.emnuvens.com.br/dobras/article/view/452.

CAPÍTULO 3:
AS FERRAMENTAS DE COMUNICAÇÃO DE MODA

A felicidade moderna é partilhada pela alternativa entre a prioridade dos valores afetivos e a prioridade dos valores materiais, a prioridade do ser e a prioridade do ter, e ao mesmo tempo faz força para superá-la, para conciliar o ser com o ter.

MORIN

Hoje em dia, mais que em outras épocas, vivenciamos uma era de alto consumismo devido a uma alta demanda da indústria de consumo. Mais do que por necessidade, hoje os indivíduos compram para ter *status*, poder e pelo prazer de terem um produto cuja publicidade os seduziu e os atiçou. É assim que entendemos o poder que a publicidade tem e a força com que ela exerce seu papel no dia a dia dos clientes, como, graças a ela, eles são influenciados na hora da escolha e persuadidos na hora da decisão da compra, sendo convencidos de que aquele produto é sempre o melhor para eles naquele momento e, sem ele, a publicidade não conseguiria viver, tornando-se consumidores vorazes. E no mundo da moda não poderia ser diferente.

As pessoas procuram apresentar formas de manifestação cultural por meio da qual, muitas vezes, os produtos passam a ser vistos como extensões dos usuários, porque são percebidos como constituintes da própria identidade desses indivíduos.

Equipados com a posse de seus objetos, os clientes se sentem absorvidos e até mesmo responsáveis pelo complemento de sua própria personalidade. Tudo isso começa no desejo de expressar opiniões e de ser ouvido. Para que seja atingido esse objetivo, as empresas passam a adotar poderosas ferramentas de comunicação, principalmente utilizando o mundo do *marketing* digital, em que um simples *blog* pode ser utilizado como ferramenta estratégica para gerar oportunidades de negócios como uma estratégia de comunicação.

O século XX assistiu ao surgimento dos mais diferentes veículos de comunicação eletrônicos e o desenvolvimento dos aglomerados de mídia. Durante esse período, conforme um meio de comunicação crescia em alcance e audiência, crescia também sua importância estratégica; da mesma forma que aumentava a quantidade de investimentos em dinheiro que deveria ser disponibilizado em cada ação de comunicação e divulgação dos produtos.

Assim, uma extensa gama de profissionais e empresas passou a oferecer serviços especializados em conjunto/complemento aos serviços ofertados pelos meios de comunicação, articulando a indústria da comunicação da atualidade e que envolve os mais diferentes meios de comunicação (televisão, rádio, jornal, revistas, mídias sociais, entre outros), empresas (agências de publicidade, assessoria de imprensa, relações públicas), profissionais (fotógrafos, *designers*, ilustradores, atores, modelos etc.) e empresas de aferição (grupo IBOPE, Ipsos etc.)

Referindo-se à moda, as maneiras pelas quais a mídia age na opinião pública estão relacionadas à padronização de princípios de valores e referenciais do belo, do que está por dentro ou por fora de uma determinada coleção, como, por exemplo, no agendamento industrial da moda – quando temos uma articulação por parte de todas as categorias de mídia ao cobrir os desfiles de moda; como também nas revistas especializadas que apresentam dicas de tendências ou mesmo apontam específicos adereços, tanto em relação ao vestuário quanto nos acessórios utilizados, especificamente, para editoriais de moda, os quais aparecerão nas vitrines e serão brevemente comercializados. Além de todas essas manifestações midiáticas, ainda podemos destacar outras mais, tais como novelas, filmes, publicidade e indústria do entretenimento de um modo geral, além da experiência individual e que cada um tem um repertório de formação da opinião pública com relação à moda.

Neste capítulo, caro leitor, nos debruçaremos nas mais diversas ferramentas de comunicação que a moda faz uso para apresentar, divulgar e incentivar o consumidor a seguir suas marcas prediletas e, acima de tudo, consumi-las. Eu convido a se deliciarem mais um pouco sobre esse fabuloso universo da comunicação da moda e suas ferramentas de ações estratégicas.

Boa leitura!

3.1 O papel da moda nas mídias sociais

> As roupas, como artefatos, "criam" comportamentos por sua capacidade de impor identidades sociais e permitir que as pessoas afirmem identidades sociais latentes. [...] Por outro lado, as roupas podem ser vistas como um vasto reservatório de significados, passíveis de ser manipulados ou reconstruídos de forma a acentuar o senso pessoal de influência. Entrevistas realizadas por psicólogos da área social sugere que as pessoas atribuem a suas roupas "perfeitas" a capacidade de influenciar suas formas de se expressar e interagir com outras (Crane, 2006).

O *marketing* do século XXI ainda tem o mesmo objetivo de antes, o que mudou foram as suas ferramentas e o modo pelo qual ele é feito. A intenção é que sua transformação seja cada vez mais frequente, em resultado das melhorias tecnológicas. Como consequência, os profissionais que atuam com *marketing* de moda passam a encarar maiores desafios e oportunidades do que antes, buscando acompanhar as novas tendências e os novos mercados. Destacando-se nesses mercados em ebulição, temos os seguintes termos que atualmente têm maior impacto nesse novo cenário: a globalização, mídias sociais, ética e responsabilidade social.

A globalização fez com que os produtos não fossem mais limitados pelas fronteiras físicas de território, em que um produto do outro lado do mundo começou a ser visualizado e principalmente comercializado em um curto espaço de tempo, bem mais rápido e de livre mercado. Ao utilizarem das mídias sociais, as marcas passaram a ter mais visibilidade e poder de persuasão sobre os consumidores, que, ao explorá-las, se comunicam com as empresas, expressando seus desejos e necessidades de consumo. Com isso, cabe aos empresários desenvolver produtos que atendam a esses anseios do público, que a cada dia mais está engajado em alguma ação de responsabilidade ética e social.

Com o aumento das mídias digitais e da comunicação móvel, o relacionamento entre marca e cliente tornou-se mais eficaz, transformando-se em um caminho de via dupla, no qual os consumidores contestam as mensagens, fornecendo retorno para as marcas.

Figura 3.1: A influência das mídias digitais

Foto de autor desconhecido licenciada em CC BY.
Fonte: Creative Commons. Disponível em: https://creativecommons.org/licenses/by/3.0/.

Assim, vamos discorrer sobre um breve relato sobre algumas das mais importantes mídias digitas em relação à moda. Começaremos pelos *blogs* de moda, que, ao disponibilizarem conteúdos frequentemente, tornam-se uma maneira bem eficiente para fidelizar os consumidores, publicando sempre conteúdos que possam dialogar com seu público. A seguir, citaremos o aplicativo Snapchat, que permite ao usuário escolher por quanto tempo ficarão expostos suas fotos e vídeos. Tornou-se uma febre entre a juventude, por compartilhar seus momentos com seus amigos, apresentando as festas, os *shows* que frequentam e até as marcas que consomem. Ao ser utilizado pelas marcas de moda, consegue produzir um relacionamento íntimo com o cliente, fazendo com que ele se sinta integrado à marca quando ela disponibiliza para algumas pessoas suas novas criações, fortalecendo o nome da organização.

Com a força de 3 bilhões de seguidores – marca atingida no segundo semestre de 2023 –, o Facebook é uma ferramenta de comunicação imprescindível para as marcas atuarem. Assim, com esse *target*, as marcas de moda deslumbraram um novo veículo de comunicação e de penetração de seus produtos, pois tornou-se um canal para interagir junto aos seus clientes em potencial, divulgando principalmente fotos e vídeos de cada nova coleção, tendo como objetivo aumentar os números de *likes* e "compartilhamentos" dos produtos expostos.

Contudo, pouco a pouco, o Facebook foi sendo substituído pelo Instagram como ferramenta de comunicação de moda mais eficaz. O Instagram teve no seu início como foco principal o de divulgação de fotos, isso por ser idealizado como um aplicativo de efeitos visuais, com a possibilidade de edição, ganhando seguidores globalmente e mudando a forma como as pessoas se comunicam. Hoje é uma das ferramentas de comunicação e *marketing* mais utilizada pelas marcas e seus referidos públicos, ao mostrar tudo sobre a marca, desde o *design* até a equipe que compõe a empresa.

Outra mídia de grande sucesso junto aos jovens é o Pinterest, que é uma plataforma que ajuda as marcas a criarem estratégias de divulgação por meio do aplicativo. Ao possibilitar que o usuário possa "pinar" – ou seja, colocar um pino, marcar qual conteúdo mais lhe agradou –, permite, com isso, criar um histórico, mostrando seus gostos e atitudes, seu estilo de vida e de comportamento.

Citaremos agora a mais estratégica e poderosa mídia de comunicação da atualidade. Estamos falando do YouTube, excelente ferramenta de divulgação de vídeos e de novas campanhas, desfiles, editoriais de moda, entre outras ações de *marketing* de comunicação. O YouTube é mais outra grande mídia de divulgação que, em seu começo, era apenas uma rede para compartilhar informações e ideias que rapidamente passou a ser uma plataforma com muita capacidade de alavancar determinada marca, ao ser utilizado para "ouvir" o que estão falando de seu produto e da sua empresa.

E, mais recentemente, "explodiu" junto aos jovens a rede TikTok, que é outra rede social para compartilhar vídeos curtos de forma móvel por meio de seus *smartphones*, disponibilizando diferentes modos de edição e ganhando a preferência principalmente no período de pandemia. Com tamanha visibilidade, as marcas de moda também começaram a utilizar essa nova ferramenta para a divulgação de seus produtos.

Dessa maneira, a mídia vem se apresentando como uma importante ferramenta formuladora e criadora de conceitos, saberes, códigos visuais, estimas e subjetividades. Utilizando-se de métodos sagazes, a mídia, na maioria das vezes, não conversa, mas sim faz com que a sua mensagem atinja o consumidor, sugerindo para a maioria desse público como desbravar o mundo através de sua própria ótica impositiva, com o único objetivo de aumentar a venda de seus produtos e de seus negócios.

Ao colocarmos em prática essas atitudes de manipulação – que podemos verificar, principalmente na atualidade, por meio da mídia –, notamos como ela surge como um novo fenômeno que invade a vida de todos; como idealiza, em uma sociedade mediada, uma cultura midiática.

O papel da moda perante a importância das mídias sociais passa a ser empregado como um poderoso instrumento de manipulação a serviço de negócios privados, ao reordenar minuciosas artimanhas, em que faz aparecer novos jeitos de subjetividade, o que pode trazer vantagens e/ou desvantagens, tanto no aspecto individual quanto no social. A mídia, com todas as suas ferramentas, consegue atualmente deter o poder de fazer crer e ver, causando mudanças de atitudes e de comportamentos, modificando valores, transformando e influenciando multidões, formando os arquétipos do imaginário, criando sentidos simbólicos como juízos de valores e verdades.

Giddens (2002) fala sobre a relação cada vez mais compartilhada entre mídia impressa e comunicação eletrônica, dado que a primeira foi de extrema importância, desde o início, para o desenvolvimento da seguinte. O jornal moderno foi capaz de unir esses dois formatos, contribuindo para que a separação entre espaço e lugar se tornasse um fenômeno mundial. "[...] como os jornais, revistas, periódicos e outros tipos de matéria impressa, esses meios são tanto a expressão das tendências globalizantes, desencaixadas, da modernidade, como instrumentos dessas tendências".

A desordenada inquietação por adquirir um determinado produto não se importando com o quanto vai pagar, o anseio por ser bem-visto e aceito entre os seus pares – somado à insana mania de acompanhar as tendências de uma moda exigente – e a ansiedade para estar bem-informado sobre os assuntos sem profundidade de cada estação acabam por transtornar os equilíbrios emocionais do indivíduo, levando-o aos abismos da perda da identidade, de sua estrutura pessoal, à confusão de estimas. Apesar disso, cada vez mais as mídias sociais estão interagindo diretamente com os consumidores, utilizando uma tecnologia que veio para ficar. E as companhias deverão se adaptar a essa realidade se quiserem continuar agindo na área de moda e comunicação.

Tivemos por um tempo – e ainda existem, mas sem muita força de penetração – o que denominamos de blogueiras, que (conforme dissemos), por um tempo foram referência de estilo e até um fenômeno de popularidade e vendas dos mais variados produtos de moda, influenciando de uma forma diferente os consumidores que se interessavam por seus conteúdos. Talvez pelo fato de as revistas terem ficado muito tempo como único objeto de acesso à informação de moda, a forma inovadora como as blogueiras anunciavam os produtos e mostravam seu dia a dia foi se difundindo entre o público de determinada marca, demonstrando sermos iguais. Nos dias de hoje, o termo "blogueira" deu lugar ao "influenciador digital", que é aquele que divulga seu conteúdo por meio de outras redes sociais, como o Facebook, Instagram, Twitter e YouTube.

Para Silva (2016), os influenciadores digitais são:

> [...] aquelas pessoas que se destacam nas redes e que possuem a capacidade de mobilizar um grande número de seguidores, pautando opiniões e comportamentos e até mesmo criando conteúdos que sejam exclusivos. A exposição de seus estilos de vida, experiências, opiniões e gostos acabam tendo uma grande repercussão em determinados assuntos (Silva, 2016).

O sucesso da *internet* se dá principalmente por causa da proximidade de adaptar-se entre influenciadores e espectadores. Tudo é mais rápido, próximo e acessível. Os influenciadores, por terem acesso a milhões de pessoas, desempenham, de forma clara, o trabalho de disseminação de notícias e conteúdos conexos aos mais múltiplos campos, sendo a moda um dos mais lucrativos e que, por isso, tornou-se imprescindível para os negócios de moda, não tendo previsão de quando será substituído, se é que será.

Ao se associar a um influenciador, a marca dá um passo para a criação de uma comunidade, mas essa não é a única estratégia para tal. Pode acontecer de forma orgânica, por meio da movimentação dos consumidores, mas, quando a marca se posiciona, sem forçar a presença e agindo de forma natural, a chance de alcançar o objetivo é maior. Ações como participar de eventos culturais e esportivos, presença efetiva nas mídias sociais, contato aproximado com seus consumidores – tratando-os como amigos, e não como compradores – são alguns passos efetivos. Existe o fator confiança, pois enquanto o consumidor o vê como um igual, acredita em sua opinião. Além da questão emocional da projeção, que leva o consumidor a um lugar de desejo pelo que sua imagem representa e, assim, a querer o que ele mostra ter e a consumir o que ele mostra consumir.

Seu papel é extremamente relevante nos dias de hoje, pois ele se encontra no caminho do meio entre ser um consumidor comum e uma marca, visto que seu produto é sua imagem. Portanto, podemos afirmar que ele transita entre esses dois universos, compreendendo suas particularidades e podendo servir como ponte entre um e outro.

Figura 3.2: Influenciadores digitais

Foto de autor desconhecido licenciada em CC BY.
Fonte: Creative Commons. Disponível em: https://creativecommons.org/licenses/by/4.0/.

Quando falamos sobre *marketing* de relacionamento, temos que identificar nosso *target*, ou seja, quem queremos atender/atingir, qual é o nosso alvo principal. Desta forma, resulta a identificação de consumidores e de seus perfis descritivos, em que as características qualificativas e quantificativas são mais precisas, posicionando-o melhor.

Ajuda bastante se o produto tiver um apelo estético altamente desejável, a exemplo da marca Melissa, que vende sandálias plásticas. Com mais de 40 anos de mercado e com muito investimento em ações diferenciadas de *marketing*, a empresa criou uma comunidade tão forte que seus consumidores são conhecidos como embaixadores da marca. Algo que toda empresa almeja, já que o consumidor-embaixador coleciona os produtos, divulga e ainda defende a marca.

3.2 Fotografia de moda e editorial de moda

O responsável pela comunicação de uma marca deve se assessorar por outros profissionais que podem ser da própria empresa ou terceirizados – são os chamados profissionais de editorial fotográfico de moda, preparados para desenvolver uma produção atraente e comunicar as mensagens por meio de todos os elementos apresentados: os *looks*, a ambientação, as formas e expressões. De uma maneira sintetizada, seria uma ou mais imagens realizadas e feitas para apresentar os produtos da marca, assim como, o conceito e o *lifestyle* da coleção por meio de instalações fotográficas estrategicamente planejadas para seduzir o consumidor.

Na maioria das vezes, os editoriais são realizados buscando atingir seus objetivos ao utilizarem um excelente padrão estético e de qualidade, contratando a melhor equipe técnica que o orçamento possa adquirir – afinal, nessa área específica, temos diversos profissionais capacitados na arte de transmitir ao público o que a marca deseja atingir. Assim, os editoriais "apresentam-se como discursos, ou seja, como arranjos que guardam alinhamento interno e que, por tal característica, podem ser tomados por sua natureza narrativa" (Dal Bello, 2020).

O editor deve se colocar no lugar do seu público, conviver com ele, se interessar pelas opiniões e ouvi-las por meio dos *blogs* e *sites*, ou seja, de certa forma ser a audiência de sua audiência.

Segundo Joffily (1991), o editor *fashion* deve:

> (...) manter o público atualizado em relação aos lançamentos e tendências. Seu valor está em realizar a crítica, buscando critérios estéticos e pragmáticos estéticos pelo lado criativo e artístico da criação da moda. Pragmáticos, porque a roupa é para ser usada no cotidiano, porque há períodos em que o consumidor anda de bolso vazio. Está em acompanhar, pelo prisma da moda, a flutuação dos comportamentos, a mudança nas correntes socioculturais (...) (Joffily, 1991).

Portanto, os profissionais deverão atender aos seus leitores e também precisam ter o conhecimento de outras áreas, tais como arte e cultura, valorizando cada vez mais o seu trabalho. Os editores também são capazes de difundir novos estilistas e modelos ao seleto clube de celebridades da moda, intervindo na visibilidade e publicidade desses futuros profissionais. Podemos citar como exemplo de um editorial influente o da inglesa Anna Wintour, que há mais de 30 anos é editora-chefe da versão americana da revista Vogue, uma das mais importantes do mundo. Anna é conhecida por seu gênio forte, que a ajudou a revolucionar o *fashion business*, além de levar ao estrelato diversos estilistas antes desconhecidos e modelos como Gisele Bündchen. Com isso, temos nesses diversos profissionais da moda os maiores "culpados" pela divulgação das feições de padrões de moda e beleza no mundo, além de serem partes fundamentais que unem a produção cultural ao movimento das roupas, dos conceitos, ideias e tendências que transformam o ciclo da moda.

Figura 3.3: Editorial de moda

Foto de autor desconhecido licenciada em CC BY-ND.
Fonte: Creative Commons. Disponível em: https://creativecommons.org/licenses/by-nd/3.0/.

Entendemos que o sujeito, ao consumir a moda, está realmente adquirindo uma imagem, e, por conta disso, as campanhas e editoriais de fotografia de moda são uma importante artimanha que prende a atenção desse consumidor, arquitetando mensagens e falas visuais por meio de uma comunicação em diversas linguagens. Além disso, a fotografia para os editoriais de moda é distribuída em todas as mídias sociais, em um processo extremamente rápido e direto até o consumidor. Pereira Filho (2012) concorda ao afirmar que a fotografia de moda "vai além da moda e manipulação, demonstrando comportamentos de consumo, sendo a moda um dos mais significativos elementos de leitura de tempo, cultura e comportamento social".

O público, ao notar uma campanha de moda bem-organizada, avalia inconscientemente as informações introduzidas nos detalhes das fotos, que estão presentes nas roupas, nas poses, nas expressões faciais e interações físicas dos modelos, na composição do ambiente – e todos juntos apresentam ao consumidor um esplêndido e acessível mundo de sonhos e desejos, ao qual ele se sente à vontade em pertencer, consumindo o produto e movimentando o consumo de moda. No Brasil, contudo, uma influência predominante parece ser exercida por um grupo relativamente pequeno de indivíduos, apesar de ser um grupo maior, porém menos homogêneo do que no caso dos produtores. Trata-se dos desejos, que buscam satisfazer as necessidades de seu público-alvo. Eles levam em conta a importância do aspecto e do impacto que a coleção causará nesse público.

Uma vez que as imagens, por si só, têm um grande poder de comunicação, podemos entender a fotografia de moda, bem como as campanhas e editoriais, como poderosos artifícios que permitem uma comunicação visual forte que aumenta a divulgação dessas marcas, resultando, assim, em um maior engajamento e comercialização dos produtos da marca.

Figura 3.4: Fotografia de moda

Foto de autor desconhecido licenciada em CC BY. Fonte: Creative Commons. Disponível em: https://creativecommons.org/licenses/by/4.0/.

3.3 Os principais desfiles

Os desfiles de moda surgiram no século XIX (1860), em Paris, quando Charles Frederick Worth, fundador da Maison Worth, teve a ideia de trocar os seus manequins por modelos reais para apresentar às suas clientes suas novas criações. As modelos, por sua vez, eram as próprias vendedoras do ateliê e sua esposa, que vestiam as peças recém-costuradas e entravam, uma a uma, na sala onde se encontravam as clientes mais fiéis do estilista.

Desde então, a França sempre foi e sempre será o local onde a moda nasce e floresce. Contudo, no início do século XX, os desfiles se espalharam por Nova York e Londres, atingindo outros públicos, enquanto na França os desfiles de alta-costura eram fechados e não podiam ser fotografados. Apenas em 1945, a Fédération de la Haute Couture et de la Mode (antiga Chambre Syndicale de la Haute Couture[3], órgão que dirige a moda na França) determinou que as marcas de alta-costura apresentassem, sazonalmente, 35 peças, formando uma coleção – iniciando assim o formato de desfile como conhecemos hoje.

De lá para cá, aconteceram diversos momentos icônicos nesses eventos – tão aguardados por todos, tanto dentro quanto fora do setor – que transformaram a história do desfile, elevando-o a algo parecido a um espetáculo. Na década de 1960, Yves Saint Laurent apresentou, pela primeira vez, o *prêt-à-porter* nas passarelas; em 1980, Jean-Paul Gaultier e Giorgio Armani inauguraram a era dos desfiles inovadores e performáticos; e a década de 1990 ficou marcada pela ascensão das grandes modelos, conhecidas como *top models* – entre elas, as que mais

---

3   Fédération de la Haute Couture et de la Mode [Federação da Alta Costura e da Moda] – Chambre Syndicale de la Haute Couture [Câmara Sindical da Alta Costura]. Em tradução livre.

se destacaram foram a britânica Naomi Campbell, a americana Cindy Crawford, a canadense Linda Evangelista e a alemã Claudia Schiffer, que foram as primeiras influenciadoras.

Em 1991, o desfile da Versace contou com algumas *top models* cantando ao vivo. Em 1999, Alexander McQueen, usando de tecnologia fez com que uma modelo tivesse seu vestido pintado na frente de todos por duas máquinas-robôs colocadas na passarela. Na São Paulo Fashion Week de 2004, Jum Nakao apresentou sua coleção denominada "A costura do invisível", feita de papel que, ao fim da apresentação, foi completamente rasgada pelas próprias modelos. Independentemente do tipo de performance, todos conseguiam ganhar notoriedade diante da imprensa – e era esse o objetivo. Um desfile tem como finalidade apresentar as novas coleções da marca ou estilista, de tal forma que a coleção pareça atrativa e sedutora para o público.

Já nos anos 2000, os desfiles tiveram uma maior conotação e maior visibilidade, tanto da mídia quanto de público, ao passarem a ser denominados como semana de moda. As marcas e os criadores se reuniam em torno de um único evento a ser divulgado e apresentado para todos os envolvidos e interessados no que viriam a ser as novas tendências daquela referida estação. Ficou estabelecido pela grande mídia o que chamamos de "Big Four" (As quatro grandes) das semanas de moda. São elas: Paris, Milão, Nova York e Londres, que são responsáveis por determinar o que estará dentro ou fora da próxima temporada, atraindo por conta disso, um grande interesse do público.

Essas semanas tendem a ser apresentadas duas vezes ao ano, sendo uma na coleção primavera/verão, e a outra para mostrar os estilos do outono/inverno. O interessante é que essas semanas, que ocorrem no Hemisfério Norte, são apresentadas para a mídia e para o público de uma maneira geral em períodos distintos.

Por causa das diferenças climáticas nos dois hemisférios – temos o inverno na Europa enquanto vivenciamos o verão no Brasil –, as propostas são apresentadas de uma maneira inversa. E, quando fazem pesquisa de tendência, as marcas podem acabar trocando as estações. Pois, quando as tendências são apresentadas à mídia, as marcas querem rapidamente levá-las aos consumidores por meio das vitrines, o que pode gerar confusão. Assim, quando no Hemisfério Norte a proposta que aparece por meio das vitrines é de verão, aqui no Brasil as vitrines ainda estão no inverno. Por isso, faz-se necessário um hiato de tempo entre as coleções, para que se possa dar aos consumidores fôlego suficiente para realizarem a compra e para as marcas definirem o que vão utilizar na próxima estação.

Vejam as principais semanas de moda:

- **Paris Fashion Week:** o berço da alta-costura e da elegância atemporal.
- **New York Fashion Week:** o epicentro da moda urbana e contemporânea.
- **London Fashion Week:** a celebração da criatividade e da diversidade.
- **Milan Fashion Week:** o estilo italiano que une tradição e inovação.
- **Japan Fashion Week Tokyo:** a vanguarda da moda japonesa, marcada pela inovação e experimentação.
- **Australian Fashion Week:** o cenário vibrante e diversificado da moda australiana.
- **São Paulo Fashion Week:** o grande evento da moda brasileira, conhecido mundialmente por sua autenticidade e diversidade cultural.

Mas como definir o que é um desfile de moda? No início, eram as próprias funcionárias e parentes do estilista que desfilavam as peças segurando uma plaqueta com o número daquele modelo apresentado. As clientes, sentadas ao longo dos corredores da Maison, podiam escolher e comprar as peças ao final da apresentação, que sempre encerrava com um vestido de noiva.

Com o passar dos anos, as casas de alta-costura pouco a pouco deixaram de ser a única referência de moda do que se usaria nas rua. A liberdade de escolha, proveniente das influências do público jovem, que teve grande participação nas mídias de comunicação de cada época, fez com que os modelos se modificassem em suas mais variadas formas de expressão.

Depois, com a ascensão das supermodelos com seus corpos esculturais e sinônimo de elegância e de comportamento, as peças deixaram de ser a estrela do desfile. As modelos passaram a ser as vedetes de cada coleção, e tanto o público quanto a imprensa disputavam os assentos da primeira fila apenas para ver as estrelas do momento passar diante delas. Houve um período em que saíram as supermodelos para entrar em cena o que ficou conhecido como as "modelos cabides". As modelos apresentavam uma silhueta magérrima, quase esquelética; o que gerou uma série de interferência nos hábitos das pessoas.

Em uma tentativa de igualar seus corpos aos das ditadoras da moda e estilos que desfilavam nas passarelas do mundo afora, muitas pessoas se deixavam influenciar chegando ao extremo de sofrerem por não ter um corpo dito "perfeito", tornando-se praticamente prisioneiras de um estilo corporal. Contudo as peças voltaram a ter destaque, em uma tentativa de realçar e redirecionar o olhar da crítica e do público para o que realmente era de direito, ou seja, que pudessem perceber a concepção e o talento desenvolvido pelo estilista na criação de sua coleção.

E os desfiles passaram a ser um espetáculo disputado, em que o *designer* apresenta entre 30 e 40 *looks* com efeitos pirotécnicos de luz e sons, dando destaque para um cenário ou locação específica que conversa com o tema de inspiração que ele teve para aquela coleção. Tudo isso entre um espaço de tempo de no máximo de 20 minutos – e, ao término do desfile, o estilista sai triunfante sob os aplausos, geralmente ao lado da modelo mais cobiçada, para o delírio da plateia que está lá, apenas para esse momento de apoteose e de "lacrar" nas redes sociais, postando aquela foto bem trabalhada no filtro.

Figura 3.4: Desfile de moda

Foto de autor desconhecido licenciada em CC BY-SA.
Fonte: Creative Commons. Disponível em: https://creativecommons.org/licenses/by-sa/4.0/.

A cada nova estação, os produtores e estilistas elaboram temas e apresentações, disputando qual será o desfile mais performático e que chamará a atenção da mídia especializada e do público em geral, não se esquecendo de ter sempre um fechamento espetacular, seja com luz, som ou qualquer outra surpresa de impacto. Eles ficam à espera do que será dito, minutos após o término do desfile, pelos influenciadores convidados que, em posse de seus *smartphones*, vão compartilhando com seus seguidores sua opinião sobre o que acabaram de presenciar. Em seguida, esses influenciadores são convidados para o que vem após o desfile, que se trata de eventos sociais e culturais como *shows*, *performances*, festas etc., que arrastam várias celebridades de diferentes áreas, todas comentando e compartilhando opiniões em um mesmo local.

Podemos relacionar um desfile de moda como uma maneira de o estilista se expressar artisticamente, causando espanto e admiração em todos. Assim, o que vemos entrando na passarela não é exatamente o que vai ser comercializado nas lojas, mas sim a expressão do conceito da coleção, por meio das peças, de uma maneira mais dramática ou exagerada. É por meio do desfile que esses criadores têm o auxílio de diversos aparatos comunicacionais para transmitir de forma mais compreensiva o conceito da coleção em questão, com a ajuda de diversos elementos. Tais elementos são importantes para um bom resultado: uma locação apropriada; uma iluminação adequada à ambientação, de acordo com a proposta e acertar na escolha da música (seja ao vivo ou não) para tornar o evento envolvente – mas sem roubar a cena, pois o momento é da peça a ser apresentada. Ter uma agência profissional de modelos com uma boa equipe de maquiagem e de cabeleireiros é fundamental para aumentar o impacto da modelo na passarela, acrescido de acessórios e adereços para complementação do personagem, e toda uma organização técnica por trás do evento.

Muitas vezes, a forma como o conceito de uma coleção é transmitido causa mais impacto do que a coleção em si, e, por isso, o desfile é o momento para mostrar livremente todas as ideias e inspirações que o estilista teve ao compor a coleção.

Além disso, permite mostrar, de uma forma lúdica, esses conceitos, fazendo com que se crie no espectador um sentimento de identificação com a marca e com a coleção. Sendo assim, "a roupa deixou o centro em torno do qual gira o espetáculo para ser o complemento de um objetivo maior, que é a transmissão de uma imagem através de um ou vários conceitos" (Roncoletta, 2008).

Contudo, em uma estratégia de comunicação de moda, o ponto alto dos desfiles está na aproximação que ele cria entre o espectador e o consumidor com a marca, ou talvez apenas com a coleção em questão. Além disso, os desfiles servem como um grandioso meio de propaganda, já que, devido à grande notoriedade que recebem, ajudam na publicidade para além da roupa, como maquiagem, acessórios, comportamentos e estilos (Amorim, 2007).

Os desfiles não são os únicos responsáveis pela comunicação e publicidade da moda. Outro grande fomentador da indústria *fashion* são as revistas de moda, tendo entre as principais: Vogue, Elle, W e Harper's Bazaar. Para assumir o comando e estar à frente de importantes veículos de moda como esses, é imprescindível ter muito conhecimento na área da moda e muito jeito para o *marketing* e os negócios. Atualmente está ficando cada vez mais raro de encontrar esses profissionais, uma vez que foram trocados pelas novas ferramentas de comunicação, utilizadas pelos influenciadores digitais, que buscam atrair as marcas, demonstrando o quanto de seguidores e de engajamento eles têm nas suas redes sociais, substituindo, pouco a pouco, as revistas – esses verdadeiros ícones de comunicação e que se esforçam para se manterem atualizados junto às novidades desse mercado.

É comum vermos, nos dias de hoje, discussões a respeito do trabalho dos editores em meios tradicionais, como as revistas mensais. Diferentemente do passado, hoje existem diversas formas de interação e socialização com o público

– principalmente no segmento de moda – no que diz respeito às ferramentas de comunicação, uma vez que os hábitos atuais têm transformado completamente as tarefas e o papel de um editor. Hoje esses profissionais desempenham novas funções nos veículos de comunicação. Além de manter seu público atualizado sobre as tendências e lançamentos, que é o papel fundamental de um editor, esse profissional também precisa se manter próximo desse público nas redes sociais, já que esse mesmo público também faz o próprio conteúdo.

E as novidades tecnológicas de comunicação de moda não param de nos surpreender. Agora os estilistas podem apresentar uma coleção inteira sem que tenham a necessidade de contratar modelos para desfilar em uma passarela ou toda uma equipe de produção artística e todo o seu *staff*, e o grande diferencial é que o público poderá apreciar suas criações no conforto de seus lares. Estamos falando das modernas impressoras 3D, que possibilitaram aos estilistas a criação de peças com novas estruturas, formatos e texturas e *wearables*, ou tecnologias vestíveis. E é válido destacar o universo figital (termo que remete à união dos vocábulos físicos + digital), que ganhou expressividade durante a pandemia de Covid-19, quando os desfiles de lançamento de coleção aconteceram *online* e muitas marcas substituíram os modelos reais por avatares. Assim como a moda digital, que consiste em peças que não existem fisicamente e são inseridas digitalmente nas fotos ou vídeos dos consumidores por meio de tecnologias de realidade aumentada.

3.4 Imprensa de moda na atualidade

Partindo do fundamento de que a mente humana está intimamente relacionada às nossas condutas, em diferentes tempos, as mais diversas instituições detentoras do poder tiveram posse da mente do comportamento humano como alvo de seus investimentos, cobiçando a sua compreensão como forma de manipular o homem dentro de uma sociedade.

A mídia se destaca como instrumento fundamental nesse social. Atualmente, ela exerce um papel essencial nos vários campos da sociedade moderna. A política, o esporte, a escola, a economia, por exemplo, são apontados pelas autoridades dos meios de comunicação de massa como de vital importância para se entender a quem se deve levar a mensagem do produto. Devido aos avanços tecnológicos que fazem com que as informações levem de forma rápida e real, o domínio da mídia cresce de forma proeminente.

Na comunicação de moda, as maneiras pelas quais a mídia pode atuar na opinião pública estão relacionadas à padronização de princípios de valores e referenciais do belo, do que pode estar dentro ou fora em determinada coleção. Podemos citar como exemplo o agendamento industrial da moda, quando há uma imobilização envolvendo todas as categorias de mídias cobrindo os desfiles da marca que podem ocorrer de uma maneira semestral. Temos também como forma de comunicação de moda as revistas femininas, que mostram as tendências para aquela determinada estação do ano. Contudo, a maneira mais eficaz para as marcas atingirem seu público é desenvolver editoriais de moda com os elementos do vestuário que serão lançados na coleção, incluindo a participação de modelos/celebridades, que mostrarão o que será visto nas vitrines e comercializado em períodos posteriores.

Uma das ferramentas bem utilizadas, principalmente no setor de moda e confecção, é uma boa assessoria de imprensa, para poder colocar seus produtos e sua marca em evidência nos principais eventos relacionados à sua área de atuação, seja como patrocinador ou apoiador do referido avento. Outra forma é realizar um bom *mix* de comunicação com os seguintes critérios estratégicos:

- **Relações públicas:** uma importante ferramenta do *marketing* que abrange a área de assessoria de imprensa e de divulgação da marca e/ou produto.
- *Marketing* **interno:** é a maneira como a mensagem da direção é passada para todos os colaboradores da empresa, valorizando-os e integrando-os ao processo produtivo.
- *Marketing* **direto:** procedimento por meio do qual as companhias colocam uma relação direta e duradoura com seus consumidores.
- *Marketing* **institucional:** é quando uma marca investe em ações de comunicação para discorrer sobre sua essência, por que ela existe, qual é sua missão e finalidade, quais são os benefícios que elas causam na vida das pessoas.

Figura 3.5: *Marketing* de moda

Foto de autor desconhecido licenciada em CC BY-SA.
Fonte: Creative Commons. Disponível em: https://creativecommons.org/licenses/by-sa/4.0/deed.en.

Como profissional que atua na comunicação de moda, a primeira coisa que você precisa saber é que, ao realizar uma comunicação efetiva, a marca transforma-se em uma presença que permeia o imaginário do consumidor mesmo antes da escolha dos produtos, e que continua em sua vida no pós-compra. Como bem explica Carvalhal (2016), "as marcas com propósito e estilo de vida são as marcas do futuro, pois estas conseguem perceber que a moda vai além da roupa". Elas conseguem contar histórias, e são as histórias que, de fato, conquistam os clientes.

As redes sociais têm um papel definitivo na relação de proximidade consumidor-marca, visto que ao "seguir" uma empresa, o cliente passa a acompanhar seu universo, podendo interagir com ela de variadas formas, da mesma maneira que pode fazer com um amigo. Estamos na era do consumidor ativo, que tem voz, opinião e, principalmente, meios para se fazer ser ouvido e visto.

Ao mesmo tempo em que coloca as marcas em uma posição de maior cuidado com a curadoria do seu conteúdo em *posts*, campanhas de moda e parcerias com personalidades famosas, esse comportamento empoderado dos consumidores também cria um território de possibilidades, visto que permite criar uma relação afetiva entre o consumidor e a marca.

A marca, ao construir uma boa imagem na imprensa atual, consegue atingir seus objetivos estratégicos e aumentar seus ganhos, na razão direta em que se comunica adequadamente com o seu consumidor. Nesse cenário, quanto maior a verba, maior a importância estratégica. Tivemos, no século passado, o uso intenso da mídia televisiva, que sempre foi a "menina dos olhos" de todos. E era comum falarmos na mídia "acima da linha", que focava campanhas massivas nos meios de comunicação tradicionais, tais como patrocinar campeonatos esportivos ou adquirir um tempo no horário nobre para divulgar o produto em uma determinada rede de televisão. E "abaixo da linha", que focava campanhas não massivas, direcionadas a segmentos específicos, com ferramentas como *marketing* direto, ações de ativação e *merchandising*, que engatinhava como ação estratégica naquele momento.

Com o crescimento das redes de comunicação digital, a popularização dos *smartphones* e celulares e o crescente poder de processamento deles, os consumidores passaram a acessar cada vez mais a internet via dispositivos móveis. Desta forma, a população consegue obter informações dos maias diversos produtos existentes na loja física, diretamente da palma de sua mão. Assim, não faz mais sentido falarmos em comunicação online x offline. De fato, hoje, entendemos que o planejamento inteiro de comunicação deve contemplar ambos.

Assim, é mais comum hoje que, ao falarmos de estratégias de comunicação, falemos de *omnichannel*, uma abordagem baseada no conteúdo dos canais disponíveis por uma organização como forma de melhorar a experiência de seus usuários. Partindo da premissa de que todo ponto de contato com a marca pode ser utilizado como forma de reforçar o posicionamento, em vez de se trabalhar no paralelo (por exemplo *online* e *offline*) os canais de comunicação e seus recursos de suporte são projetados e orquestrados de forma a se complementarem. Esse tipo de estratégia integra o ambiente físico com os digitais, como comércio eletrônico, aplicativos móveis, mídias sociais, e geralmente são arquitetados de forma a terem consonância com os planos de comunicação.

A seguir, temos os principais itens relacionados com o novo *marketing* do século XXI, apresentados por Kotler (2012):

- Avanço da tecnologia: a antiga era industrial foi caracterizada pela produção em massa, anúncios genéricos e grande quantidade de produtos. Hoje, graças à Revolução Industrial, estamos na era da informação,

em que há comunicação mais assertiva, produção mais precisa e locais de vendas eletrônicas na *internet*.
- Globalização: com os avanços em transporte e comunicação, quebraram-se barreiras de negociações entre países, sendo cada vez mais comum a existência de empresas que exercem o seu papel mundialmente.
- Aumento do poder do cliente: cada vez mais os clientes esperam grande qualidade de produto ou serviço e exclusividade, fazendo com que as empresas atendam a esse requisito a fim de não perderem consumidores para seus concorrentes. Além disso, na era da informação é possível obter diversas informações acerca do item a ser consumido, fazendo com que haja maior troca de informação sobre a marca entre as pessoas.
- Customização: produção de itens individualmente diferenciados, podendo ser realizados fisicamente, por telefone ou *online*. No *online*, há a possibilidade de os clientes elaborarem seus próprios bens de consumo, e a empresa pode interagir pessoalmente com cada cliente, por meio de mensagens, serviços e relacionamento personalizados.

Existem outros tantos meios para serem aplicados na comunicação de uma marca de moda, caso se queira pesquisar mais a respeito: eventos, publicidade e propaganda, patrocínios, feiras e exposições, *visual merchandising*, entre outros.

Diante disso, entendemos que mídia é uma arma poderosa nas mãos daqueles que controlam o fluxo de informações. Como agente formador de opiniões e criador-reprodutor de cultura, a mídia interfere, forma e transforma a realidade, as motivações, os modos de pensar e de agir do homem.

3.5 Branding e gestão de marca

Podemos entender então que *branding*, ou "gestão de marcas", é um programa que gerencia e visa à convergência entre as diversas áreas relacionadas a uma marca, com o objetivo de agregar valor ao produto/serviço fazendo com que ele se diferencie no mercado. O *branding* está se convertendo em um instrumento cada vez mais relevante para o *marketing* de moda. À medida que as empresas competem entre si, para entregar um produto com cada vez mais qualidade com um preço justo, faz-se necessário adicionar outro elemento emocional que possa estar vinculado à imagem da marca. Lembramos que uma marca é a soma dos benefícios tangíveis e intangíveis, proporcionados por um produto ou serviço, que completam a experiência do consumidor.

O *branding* é o processo mediante o qual as imagens da marca adentram nossa mente; é o mecanismo por meio do qual uma empresa desenvolve uma marca e demonstra a seus clientes suas mensagens, seus valores, sua missão. Consequentemente, posiciona para a empresa suas estratégias, a fim de diferenciar seus produtos e serviços.

Marca, no contexto do *branding*, não é apenas um nome, símbolo, monograma, emblema ou logotipo que identifica uma empresa, produto ou serviço. Marca não se limita a uma forma gráfica. Do ponto de vista de quem produz, ela representa a identidade da empresa e seus valores, equipe, processos, produtos/serviços desenvolvidos e comercializados. Do ponto de vista de quem consome, é uma percepção, resultante de experiências, impressões e sentimentos vividos em relação a determinada empresa, produto ou serviço. Segundo Strunck (2000):

> Numa economia de mercado altamente competitiva a coerência entre as marcas resulta em um fator em uma evolução tecnológicas de produto e serviços. Tanto

um quanto outros devem se adaptar constantemente com as novas necessidades de seus públicos decorrentes às mudanças sociais. Desta forma a proteção jurídica às marcas deve ser eficaz, garantindo os investimentos necessários às inovações e propiciando-lhes o merecido retorno (Strunck, 2000).

Entendemos, então, que *branding*, ou "gestão de marcas", é um programa que gerencia e visa à convergência entre as diferentes áreas conexas a uma marca, com o objetivo de adicionar valor ao produto/serviço para que este se diferencie no mercado. Martins (2000) observa: "Não basta ter um nome para ser uma marca. É preciso que o nome tenha um sentido, compromisso e associações validadas pelos consumidores". Para uma marca nova entrar no mercado, ela deve ser diferente, gerando uma experiência única – com isso, adquire certa relevância. E, para se manter no mercado e conquistar a estima e conhecimento, deve sempre inovar seus produtos e negócios para aumentar sua relevância no mercado competitivo.

As marcas têm valores tangíveis e intangíveis. Logotipo, símbolo, embalagens e comunicação são tangíveis. Experimentação, reputação, crença, confiança são intangíveis. Para avaliarmos uma marca, utilizamos quatro qualidades:

- Diferenciação: qual é a percepção dos consumidores sobre as inovações ou qualidades únicas de uma marca?
- Relevância: qual é a importância atribuída à marca?
- Estima: qual é o nível de relação afetiva estabelecido entre os consumidores e a marca?
- Conhecimento: é quando os consumidores, após atribuírem as três primeiras qualidades à marca, passam a conhecê-la profundamente, tornando-se seus verdadeiros vendedores.

Assim, uma marca pode conter elementos que se diferenciam não apenas por seus produtos e serviços, como também no que tange à experiência, em que os consumidores devem ter a consciência da existência da marca e se conectar aos valores que a empresa proporciona a eles. As marcas ajudam as empresas a transpassar as fronteiras geográficas e culturais. Sendo que as marcas globais se transformam em um poderoso ativo para seu país de origem, ajudando nas exportações de produtos e serviços a diversos mercados externos.

A marca se caracteriza por quatro níveis de significados: os *atributos* do produto, suas funções e desempenho; os *benefícios* representados pelas recompensas que ela oferece; os *valores* sociais e gerais que ela projeta para o consumidor; e a *personalidade* que a marca confere ao usuário (Cobra, 2010). O consumidor precisa perceber a importância da marca para ele, e isso se deve à imagem que tem dela, quais pensamentos são evocados quando pensa nela, pois isso faz com que haja mais identificação (Cobra, 2010).

Em se tratando de marcas, podem-se obter seis tipos de significados:

- <u>Atributos:</u> preço, padrão de qualidade, *design*, prestígio, durabilidade.
- <u>Benefícios:</u> funcionais ou emocionais.
- <u>Valores:</u> valor do fabricante.
- <u>Cultura:</u> a marca pode representar a cultura da região (Gucci).
- <u>Personalidade:</u> se a marca fosse uma pessoa, animal ou objeto, o que lhe viria à mente?
- <u>Usuário:</u> a marca sugere o tipo de consumidor que compra o produto.

Após a definição do posicionamento, escolher um bom nome é algo relativamente bem tranquilo, o difícil é alguém já não ter realizado seu registro para utilizar mais tarde. O registro das marcas deve ser realizado no INPI (Instituto Nacional da Propriedade Industrial). Salientamos que apenas registrar o nome não é suficiente para identificar o empreendimento. Faz-se necessário ter uma identidade corporativa que possa traduzir os benefícios oferecidos pela empresa a seus clientes, tais como: embalagem, papelaria, *homepages* e redes sociais.

O INPI avalia como marca, um nome, um símbolo ou uma figura que é empregada para identificar empresas, entidades, produtos ou serviços, que podem ser classificados como:

- Descritiva: marca que identifica no próprio nome sua destinação. Exemplo: Banco24Horas.
- Pessoal: marca que carrega o nome do proprietário. Exemplo: Fulana da Silva Design.
- Associativa: marca em cujo nome está inserida a sua destinação. Exemplo: Massa da Culinária Italiana.
- Geográfica: marca que traz uma localização geográfica em seu nome. Exemplo: Central Shopping Brás.
- Alfanumérica: marca que apresenta a combinação de elementos alfabéticos e numéricos. Exemplo: Chopp 100.

Lembramos que o registro do nome protege, garante e sustenta a existência e a permanência da marca no mercado e deve ser renovado a cada 10 anos, para que não haja risco de haver marcas falsificadas que possam confundir o consumidor. Ao analisarmos a identidade de uma marca, devemos perceber os atributos que a representam, identificam e a diferenciam das demais, como se fosse o RG (registro geral) do produto. Trata-se de como os clientes identificam o produto que querem consumir; assim, conseguimos identificar os seguintes aspectos para a identidade da imagem:

- Detalhamento do público-alvo: esta é a etapa em que a empresa decide quem quer atingir – ou seja, o seu público-alvo –, segmenta ao máximo esses possíveis clientes e analisa a fundo as características desse grupo. Sem a definição do público-alvo, não é possível fazer um trabalho de *branding* de forma assertiva.
- Posicionamento da marca: a empresa vai decidir qual será a identidade da marca, feita em cima da pesquisa de público-alvo, segmentação e características desse grupo, traçando a personalidade da marca, como se fosse uma pessoa.
- Construção multissensorial: este é o momento de construir a identidade da marca. Depois de definido o público-alvo e que personalidade e imagem a marca vai ter, você deve explorar os pontos de contato com o consumidor.

Sendo assim, a marca não deve pensar apenas no logotipo, mas sim explorar outras possibilidades, como, por exemplo, aromas, texturas e paladar. Você tem que ser multissensorial e abordar os cinco sentidos do seu possível cliente. Uma empresa consegue se posicionar perante os mercados consumidores e fornecedores, com os quais ela deverá se relacionar a todo momento, utilizando-se de canais de comunicação que possam levar a eles suas estratégias comerciais e de inovações tecnológicas.

Dessa maneira, o *branding* ganha um significado todo especial quando uma marca está ciente de seu posicionamento na área em que atua, sendo que entendemos que o posicionamento se torna a síntese da concepção estratégica de uma marca, a criação e o desenvolvimento de diferenciais competitivos percebidos por seus parceiros. De acordo com suas apresentações, as marcas podem ser:

- Figurativas: uma combinação de figuras, símbolos, sinais gráficos e logotipos.
- Nominativas: uma combinação de letras e números.
- Mistas: uma combinação das marcas nominativa e figurativa.

Segundo Lipovetsky (2007):

> O valor do uso das mercadorias é o que motiva profundamente os consumidores, aquilo que se visa em primeiro lugar é o standing, a posição, a conformidade, a diferença social. Os objetos não passam de expoentes de classe, significantes e descriminantes sociais funcionam como signos de mobilidade e de aspiração social (Lipovetsky, 2007).

O *branding* na moda tende a se associar a como os consumidores o identificam e assimilam suas estratégias de posicionamento no mercado em que está inserido. Assim, podemos identificá-lo como um instrumento de comunicação, sendo que a base dessa argumentação foi a moda entendida como instrumento de comunicação não verbal, ou seja, expressão do eu em interação com o mundo. É um instrumento utilizado pelo sujeito para que ele adquira a competência de ser percebido, principalmente nas redes sociais.

O *branding* também serve como instrumento de integração. Quando perguntamos aos consumidores sobre a necessidade que leva à adoção de moda, o fator motivador "*branding*" deixa nítida a relação com as necessidades de aceitação, integração e adequação. Da mesma maneira que existe também aquele comportamento oposto, aquele que conscientemente não quer pertencer a grupo nenhum. Querer ser diferente retrata a necessidade de individualidade, a exceção, o que foge à regra. Esses consumidores são os inovadores, os primeiros usuários, com os quais a ação estratégica da marca deve se identificar com esse tipo de consumidor.

A construção de uma marca de sucesso inclui a combinação de outras duas categorias de valor: o agregado e o percebido. O valor agregado é tudo aquilo que a marca oferece além da finalidade do seu produto ou serviço. Embalagem, atendimento e visual *merchandising* (exposição do produto em loja) são alguns exemplos, mas podemos pensar também na forma de se comunicar com o público, no seu posicionamento frente a causas sociais e ainda a quais personalidades famosas se associa. O valor agregado parte da cultura da empresa por meio da escolha de quais conceitos ela deseja assumir.

Já o valor percebido é a imagem refletida da empresa, a visão que o cliente tem dela. Os valores agregado e percebido têm total relação, uma vez que, para formar uma opinião sobre determinada marca, o consumidor primeiro recebe as informações passadas por ela (como produto, comunicação e atendimento). Mas é interessante perceber que esse espelho nem sempre reflete de maneira precisa, e muitas vezes a mensagem que uma marca deseja passar é recebida de forma diferente, ou até mesmo oposta.

Empresas empregam estratégias para assegurar o seu sucesso sem isso, elas simplesmente copiam o desempenho passado e se tornam vulneráveis às mudanças no clima de negócios. Em uma economia movida por informática e telecomunicações, a globalização induz a empresa a adotar táticas para o negócio, transformando-se em uma categoria fundamental para a sobrevivência e a competitividade de qualquer empreendimento. A adoção dessas táticas torna-se premente quando a empresa nota a necessidade de alterações importantes, geralmente motivadas por:

- Ameaças ou choques externos.
- Problemas internos crônicos.
- Entrada de fortes concorrentes.
- Tendências de mudanças nos hábitos de consumo.
- Novas oportunidades.
- Necessidades de alcançar recursos.
- Mudança na diretoria ou sucessão.

A importância de uma gerência de *branding* é fundamental no direcionamento de esforços para o desenvolvimento de definições dos produtos, uma vez que os clientes consomem produtos como meio de comunicação. Produtos são repletos de significados perante a sociedade. Ao estudarmos os aspectos simbólicos do *branding* na comunicação, entenderemos como os consumidores adquirem seus próprios conceitos de compra, impulsionados pelo seu aspecto simbólico, ou rejeitam esses produtos. Por isso a importância de um estudo sobre como atingir esse público, utilizando formas de comunicação que possam atingi-lo de maneira eficaz.

Na elaboração das suas estratégias de mercado, o profissional de *branding* deve analisar: a função que o produto cumpre – ou seja, como o consumidor percebe a mensagem de moda emitida pela propaganda realizada; qual é a forma, o modelo no qual a marca aposta como grande sensação da coleção; e qual conceito a empresa pretende passar. Ao analisarmos esses três pontos, percebemos que os produtos são carregados de significados que variam conforme a cultura, como nos esclarece Solomon (2002): "A moda é, inegavelmente, um fenômeno cultural, desde os seus primórdios. É um dos sensores de uma sociedade. Diz respeito ao estado de espírito, aspirações e costumes de uma população".

Lançar um novo produto é um grande desafio do mercado atual, já bastante saturado. Não basta uma ideia inovadora, sendo também necessária a gestão de estratégias e a compreensão do ciclo de um produto no varejo.

Figura 3.6: O descontrole da mão de obra desqualificada

Foto de autor desconhecido licenciada em CC BY-ND.
Fonte: Creative Commons. Disponível em: https://creativecommons.org/licenses/by-nd/4.0.

Os produtos têm um ciclo de vida, que compreende diversas etapas entre seu lançamento e a retirada do mercado. Esses estágios são sequenciais, o que significa que, ao se avançar para a etapa seguinte, a anterior precisa ter sido bem executada. A duração de cada etapa do ciclo é definida pela aceitação do produto no mercado e o lucro que está gerando.

Para além do ciclo do produto, você deve analisar quais estratégias de marca irá desenvolver. Se o produto será *fast fashion* e terá alta rotatividade, ou *slow fashion* e produzir em um tempo mais lento e com cuidado maior na cadeia produtiva, por exemplo. Ao utilizar a estratégia do *fast fashion*, a marca corre o risco de ser associada a uma empresa que não prioriza a qualidade, ainda mais se não houver uma gestão de marca bem estruturada e preocupada em saber a origem de sua produção terceirizada, por exemplo.

Consequentemente, a qualidade pode não ser a melhor, mas muitas empresas do setor buscam a rotatividade e variedade de fornecedores de mão de obra, para entregarem semanalmente novidades de seus artigos a seu público. Valendo-se dessa estratégia de pronta entrega, essas empresas acabam por utilizar processos que visam rotatividade. Nada contra, desde que possa haver supervisão e acompanhamento de profissionais capazes de identificar cada etapa e solucionar possíveis comprometimentos na qualidade para que a mercadoria seja produzida de acordo com as normas e valores da marca em questão.

De acordo com Las Casas (2000), essas etapas são: "introdução, crescimento, maturidade e declínio". A primeira contempla a entrada do produto no mercado, em que há bastante investimento em divulgação e pouco lucro. Uma das estratégias mais comuns atualmente é a publicidade com influenciadores por meio do *unboxing*, em que eles divulgam o que recebem em suas redes sociais para despertar o desejo em seus seguidores. A etapa seguinte – o crescimento – tem foco na ascensão das vendas, pois a procura pelo produto foi provocada e está em alta. Em um cenário no qual determinada peça alcance o sucesso de venda, ela pode despertar o desejo nos concorrentes de fabricar cópias mais acessíveis do produto, o que muitas vezes faz com que a fase da maturidade – que consiste na normalização entre a demanda x oferta e com baixo percentual de vendas

– aconteça de forma breve, para logo vir o declínio, ou seja, a diminuição das vendas e retirada do produto de circulação.

Temos no *co-branding* outro direcionamento bastante comum no mercado da moda. Trata-se de parcerias entre as marcas, a fim de somar forças no mercado. É bem comum entre os confeccionistas de *fast fashions*, que se aliam a estilistas famosos para o lançamento de coleções rápidas, principalmente na moda nacional. Isso traz um ar de notoriedade para aquela coleção, produzindo um maior valor agregado, o que costuma ser bem aceito entre o público. Outra estratégia conhecida é o que chamamos de extensão de marca, chamado também de *brand extension*. É um termo que faz referência ao movimento de ampliação de segmentos, a exemplo de marcas de vestuário que lançam coleções de decoração, com roupas de cama a móveis.

O tempo de lançamento dos produtos também é uma estratégia de marca. As coleções podem seguir o calendário tradicional da moda, semestral, ou ser levadas ao mercado em tempos menores. Algumas marcas têm produtos novos a cada semana e, em casos de grandes magazines, até mesmo diariamente. Tudo depende do porte da marca e da capacidade de produção.

As estratégias são cíclicas e sofrem interferência das tendências de *marketing* e de comportamento de consumo. As apresentadas acima são legitimadas e bastante comuns na moda, mas nunca deixe de se atualizar sobre as novidades. Pesquise o que as marcas mais disruptivas do mercado estão fazendo, tanto do setor da moda quanto de venda de outros produtos, e esteja atento ao seu mercado concorrente.

3.6 Visual merchandising

Entraremos agora em um universo bem característico do novo milênio e que vem se posicionando cada vez mais nos meios de comunicação e divulgação das marcas dentro do setor da moda. Estamos falando da estratégia de *marketing* denominada *visual merchandising* (VM), que se trata de uma poderosa ferramenta que se coloca bem próxima do consumidor, interagindo com ele de forma clara e objetiva. Segundo Las Casas (2000), sua definição se aproxima de "uma operação de planejamento necessária para se pôr no mercado o produto certo, no lugar certo, no tempo certo, em quantidades certas e a preço certo".

Devido à grande competição entre as marcas, em um mundo totalmente globalizado e sem fronteiras, cada dia fica mais difícil realizar e apresentar algo inovador, seja em relação a mercadoria, diferencial de preço ou promoções, entre outros, cabendo à empresa desenvolver táticas que possam atrair e conquistar o cliente. Assim, ao passar em frente à loja, ele pode ter sua atenção despertada e, com isso, entrar, ver as novidades e sair com a mercadoria comprada. Logo, o VM tem vital importância para apresentação de produtos e/ou serviços, realizando uma aceleração e rotatividade dos produtos no ponto de venda. Ao se desenvolver corretamente uma ação de *merchandising*, será possível obter as seguintes vantagens competitivas:

- Aumento da média geral de vendas e da compra por impulso.
- Desenvolvimento da fidelidade dos consumidores.
- Atração de novos clientes, que é o mais importante nessa estratégia de *marketing*.
- Aumento da permanência do usuário no ponto de venda e, por conseguinte, dos lucros.

Enquanto o *visual merchandising* cuida do ambiente visual e funcional interno da loja, o vitrinismo dedica-se a obter os melhores resultados de exibição de produtos, por meio da montagem de vitrines. Por intermédio da vitrine, a loja faz uma declaração assertiva a respeito do segmento de público que pretende atingir. De modo a despertar sensações no público-alvo eficazmente, o vitrinista deve ter um misto de conhecimentos que envolvem iluminação, harmonia de cores, conceitos de produtos, elementos decorativos e tendências da moda. No mercado da moda, um dos elementos mais utilizados é o manequim. Usado para exposição do produto, é um dos grandes responsáveis pelo engajamento do consumidor.

O ponto de venda, ou ambiente de loja física, dá aos profissionais de *marketing* a oportunidade final de influenciar o comportamento do consumidor. Uma variedade de equipamentos é posta no ponto de venda, que vão desde letreiros, móveis, placas, *banners* e sinalização da prateleira até o uso de manequins, luzes, espelhos estratégicos, reprodução de produtos, expositores de linhas, pôsteres e *totens*, apenas para citar alguns.

Não há nenhuma dúvida de que a primeira coisa que o consumidor nota ao passar em frente a uma loja é sua vitrine. E, em se tratando de um público que sabe o que quer – que é o público de moda –, atraí-lo com uma vitrine que possa seduzir e apresentar o conceito, a beleza e uma possibilidade de uso, proporciona uma satisfação de prazer.

Assim, notamos que a roupa é um produto muito prazeroso de se consumir, relacionando o seu comportamento psicológico de fazer com que o usuário se sinta melhor e satisfeito, além de servir a uma possível fuga da realidade em que se encontra naquele momento, principalmente se essa mesma roupa tem uma publicidade que ressalta o seu conceito de estilo de vida, isto é, o tipo de vida que o indivíduo sentirá que tem ao colocar a peça.

Figura 3.7: Vitrine de uma loja com *visual merchandising*

Foto de autor desconhecido licenciada em CC BY-ND.
Fot'te: Creative Commons. Disponível em: https://creativecommons.org/licenses/by-sa/3.0/.

Outro fator para o consumo de roupas é a necessidade da identidade social, o indivíduo se afirmar como sendo algo que deseja ao usar e ser visto com determinada roupa, além também de se sentir mais seguro, satisfeito e pertencente a um grupo ou a um padrão de *status* dentro da sociedade. Sendo assim, podemos entender o quanto a publicidade é importante para a continuidade do setor têxtil, que há muito tempo deixou de ser apenas um setor fútil e glamuroso para se tornar uma grande importância econômica em todo o mundo.

Uma das características do VM é fazer com que a marca se destaque e seja reconhecida pelo consumidor. Quando isso acontece, ela vira uma líder de mercado, a primeira opção que vem na mente do seu público em sua categoria. Para isso, é necessário que ela seja consistente em seu posicionamento, que deve estar alinhado com seus propósitos, valores e sua missão. Carvalhal (2016) usa a marca esportiva Adidas, uma das líderes do segmento *sportswear*, como exemplo para elucidar essa relação.

> Para a Adidas, esse combo funciona da seguinte forma:
>
> Missão: ser a líder mundial em artigos esportivos.
>
> Visão: nossa paixão por esportes faz do mundo um lugar melhor.
>
> Valores: apaixonados, autênticos, comprometidos, honestos, inovadores e inspiradores (Carvalhal, 2016).

Temos outras formas de posicionamento dentro do VM, que podem levar a empresa a se destacar das mais diversas razões. Destacamos, por exemplo, o interesse e apreço pelo produto oferecido, a ocasião do uso (sazonalidade), o tipo de cliente, seu estilo de vida e sua relação de preço x qualidade, entre outros.

No primeiro item, devem ser levados em consideração os benefícios que o produto tem a oferecer, como *design*, preço e qualidade. Ocasião de uso se refere a categorizações, como *sleepwear* (pijamas), moda festa, *homewear* (roupas confortáveis para usar em casa) e moda praia, em que os produtos se destinam a usos específicos. No posicionamento por estilo de vida, a marca constrói um universo imaginário completo e costuma obter muito sucesso e reconhecimento de seus consumidores, alcançando uma identificação afetiva.

Já o tipo de cliente se refere a escolher um nicho e deixar isso bem claro em sua comunicação, podendo aqui ser por idade, gênero ou tipo de comportamento. Por fim, em relação a preço-qualidade, geralmente estão localizadas as marcas de segmento de luxo, porém podemos notar também o lado oposto da cadeia, com empresas cujo foco é vender a preços baixos, sem se preocupar com a qualidade e durabilidade das peças.

Assim como o tom de voz da empresa, que atua como a personalidade manifestada por meio da forma como ela se comunica em seus canais, sejam institucionais, redes sociais ou campanhas de divulgação de produtos. Irreverente ou formal, extravagante ou irônico, apaixonado e positivo são alguns dos posicionamentos mais comuns entre as marcas de moda.

Para você encontrar o tom de voz de uma marca, um exercício interessante é imaginá-la como se fosse uma pessoa, listando seus adjetivos, comportamentos que ela teria, como se relacionaria com os outros e até características físicas e roupas que usaria. Painéis imagéticos servem como apoio visual nesse momento, valendo acrescentar outras categorias, como trabalho, lazer, gostos musicais: quanto mais completo esse questionário ficar, mais fácil será construir a linguagem para a comunicação da marca.

É importante que na escolha do posicionamento você tenha bem claro o tipo de produto que irá vender (caso seja uma marca/criador) ou comunicar (no caso de profissional do *marketing*) e do público-alvo a quem ele se destina, além de pesquisar como você pode se destacar em relação aos seus concorrentes.

Partimos, portanto, da ideia de que uma marca é um sujeito que presta serviços e oferece bens de consumo em troca não somente de capital, mas também de reconhecimento. Sendo esse reconhecimento o que fará o cliente/ consumidor se lembrar dela futuramente e voltar a procurar o que ela oferece.

Para ficar gravada na mente do consumidor, uma marca não precisa somente de um bom produto. Existe uma série de atributos que compõem a sua relevância, indo do "consciente ao inconsciente, do direto ao indireto e do concreto ao abstrato" (Carvalhal, 2016).

Destacamos as atribuições conscientes, diretas e concretas, que estão no produto/ serviço em si, o *design* da marca, elementos, itens visuais e a aplicação do logotipo e todas as suas atribuições, suas categorizações de marca, como o segmento em que atua, público-alvo, valores e posicionamento como parte da construção do *design*. Tome como exemplo as Sandálias Havaianas – um simples chinelo de dedo que se tornou sinônimo de brasilidade, tropicalidade e alegria. Por ela ser líder de sua categoria, diversas marcas concorrentes procuram explorar os pontos fortes e tentam oferecer produtos similares, contudo sem alcançar o poder de fixação na mente do consumidor quando se trata de chinelos de dedo feitos de borracha. Isso se dá pelo fato de um primoroso trabalho de gestão de marca e de *visual merchandising*, fazendo com que seu público-alvo reconheça os valores atribuídos pela marca. Logo, a marca passa a envolver psicologicamente e conquistar um local na mente do cliente.

O reposicionamento das Havaianas foi lento, mas certeiro. No início, era classificada como um produto popular, ou de classes trabalhadoras mais simples e sem formação (pedreiros e domésticas), e tinha como *slogan* "Não solta a tira e não tem cheiro!". O que não era tão verdadeiro assim, pois um dos pontos fracos do produto era que as tiras arrebentavam facilmente, e isso limitava o posicionamento e principalmente o tremendo potencial que o produto tinha. Uma tomada de decisão se fez necessária, e, a partir do meado da década de 1980, ao observar que a juventude virava o solado da sandália para combinar com a mesma cor da tira, viu-se ali nascendo uma grande oportunidade de mercado. Elaborou-se toda uma estratégia de divulgação e *marketing* atribuído aos melhores publicitários da época, e logo se tornou a queridinha de todos; afinal, como o seu novo *slogan* versa: "Havaianas, todo mundo usa!".

Utilizando-se de um excelente trabalho de *visual merchandising* – expondo o produto em diversos locais de moda no mundo todo, usando influenciadores, que passaram a divulgar o produto de uma forma avassaladora, inclusive fazendo com que o modelo mais tradicional e o primeiro a ser produzido, o de tira e solado azul com a palmilha branca – passou ser aceito e mais requisitado, entrando definitivamente na mente de todos como sendo um chinelo democrático e elegante; que pode ser entendido de forma simplificada, como o valor que é transferido aos produtos e serviços, tanto do ponto de vista monetário quanto em relação à imagem percebida pelo consumidor. Trata-se das vantagens e benefícios que a marca oferece.

A exposição do produto no ponto de venda não serve somente para preencher as necessidades essenciais de quem os compra, mas ao transformar a vitrine em um local de prazer e encantamento, fazendo parte do estilo de vida do usuário. Isso nos mostra a importância que as marcas têm nos dias de hoje, já que, ao escolher uma em vez de outra, o consumidor não está levando somente os atributos físicos do produto, mas também pagando pelo que ela representa para ele. Mais do que "um nome ou um símbolo, uma marca é um organismo vivo, que oferece valores intangíveis" (Hiller, 2012).

Tome como exemplo o mercado de luxo, no qual as marcas de moda vendem produtos de tiragens limitadas a uma parcela de clientes exclusiva e com alto poder aquisitivo. Qualidade do material, *design* diferenciado e acabamentos impecáveis certamente justificam os preços praticados, mas, por trás disso, essas grifes oferecem luxo, *status* e poder. Assim como descrevem Façanha e Mesquita (2018), as marcas "têm cultura e personalidade, e tudo isso faz parte de sua identidade".

Tornam-se, assim, idealizações no imaginário popular, alvos de desejo de uma grande parcela da população, que, se não pode investir em uma bolsa, adquire o chaveiro, desejando se sentir parte daquele universo seleto. Isso também se refere ao posicionamento da marca, ou seja, sua característica mais forte, seu diferencial, aquilo pelo qual ela deseja ser reconhecida. Para conquistar um lugar no mercado, é necessário que a marca tenha seu posicionamento bem claro, pois ele deve permear os produtos, a linguagem visual (nome, logo, cores, fontes), e claro, a comunicação com o seu cliente.

Os produtos são a materialização das marcas e na moda, e sua principal característica é a efemeridade, a "mudança permanente", tal como afirmado por Lipovetsky (2009). Perceba que isso nada tem a ver com a durabilidade como característica técnica, mas expressa uma das máximas da moda, que é o lançamento de coleções a cada seis meses (ou menos, no sistema atual, que chega a trabalhar com lançamentos a cada dois meses).

De um modo geral, o sistema da moda vende o novo, o moderno e o jovem, funcionando por meio de uma engrenagem autoritária e excludente, em que só quem veste as últimas tendências é valorizado. Temos exceções como a moda sustentável e o *slow fashion*, que são regidos por outras demandas e propósitos de consumo, mas é necessário que você entenda o panorama geral antes de se aprofundar nesses mercados, se assim o desejar. É muito difícil perguntar aos consumidores o que eles desejam vestir daqui a um ou dois anos, pois eles não sabem formular essa resposta. Dessa forma, os estudos do mercado da moda são balizados:

- Pelo comportamento do consumidor;
- Pelo estilo de vida do público-alvo; e

- Em avaliação das coleções de moda, de forma a detectar tendências.

Especificamente no que se refere às tendências da moda, geralmente duas vezes ao ano os principais *designers* do mundo mostram suas coleções, e é comum que fabricantes e varejistas busquem nelas indícios de ideias e rumos da moda. Os americanos, por exemplo, buscam referências nas coleções europeias. Os elementos que as grandes coleções têm em comum servem como guia de tendências da moda no que se refere ao estilo – é comum que *designers* diferentes apresentem ideias parecidas porque se inspiram em fontes comuns.

Considerações sobre o Capítulo 3

Nossa jornada através das múltiplas formas de comunicação de moda chega até aqui, na expectativa de ter conseguido explorar e apresentar a você, querido leitor, as mais utilizadas ferramentas de *marketing* entre as marcas de moda e de confecção para apresentar aos seus clientes suas novas peças desenvolvidas para aquela determinada coleção.

Exploramos a importância que atualmente as mídias de comunicação de moda têm junto aos clientes, pois estão sempre atentas às publicações, aos comentários e compartilhamentos das ideias e sugestões apresentadas pelas marcas para que seu público fique sempre antenado com as novidades do mercado. Foi observado que novas mídias sociais se tornaram parte integrante do cotidiano das pessoas, fazendo com que as marcas de moda as utilizem cada vez mais, uma vez que também oferecem um baixo custo de investimento e, ao mesmo tempo, proporcionam diferentes experiências para seus clientes.

Sempre presentes na divulgação das coleções dos criadores, a fotografia e o editorial de moda, ainda nos dias de hoje, conseguem atingir seus objetivos de comunicação do conceito que a marca pretende transmitir para seus consumidores. Com tais estratégias – fotografia e editorial de moda –, as marcas conseguem apresentar aos usuários, com riqueza de detalhes, o que o estilista almeja passar de suas ideias e atitude.

O desfile foi o primeiro e ainda é um dos mais significativos veículos de comunicação entre criador, marca e público. Os desfiles de moda atraem multidões de curiosos, que se debatem para conseguir os primeiros assentos nas fileiras das passarelas. E, a cada nova coleção, desdobram-se para surpreender e se destacar, com o intuito de serem notícia dos principais influenciadores do setor. Houve a época das grandes modelos, das modelos consagradas, da imposição vitimada de determinados padrões corporais, com os chamados modelos-cabides. E finalmente a volta da atenção, da inclusão e da sustentabilidade para as peças propriamente ditas, que a moda também promete e deve se comprometer a dar.

O jornalismo de moda, a imprensa de um modo geral, como anteriormente a conhecemos, não existe mais. Foram-se os tempos das grandes revistas de moda, que ditavam as tendências e o que seria mais utilizado na próxima coleção. O grande público ficava à espera de serem lançadas e praticamente as consumiam assim que apareciam nas bancas e nas livrarias. Hoje em dia, são utilizados *sites* e outros canais virtuais de comunicação para que a coleção possa ser divulgada e propagada mais rapidamente do que antes.

Finalizamos apresentando a importância de se ter uma boa gestão de marcas na divulgação de seus produtos. Ao utilizarmos estratégias de comunicação que possam demonstrar aos clientes o quanto a marca está integrada, atualizada e preocupada com os mais diferentes assuntos da atualidade, mostramos a nossos clientes que temos criatividade, iniciativa e atitudes para modificar o panorama e ser uma marca presente e atuante nas grandes causas sociais. O *branding* é uma ferramenta que oferece aos consumidores a experiência de adoção de moda como fator motivador em relação a necessidade de aceitação, de integrar e se adequar às novidades.

Identificamos que o *visual merchandising* é muto mais do que a simples exploração e exposição do logotipo da marca junto aos clientes – ele é uma poderosa ferramenta de divulgação dos conceitos, das ideias por trás da imagem. A valorização de uma boa e conceitual vitrine que atinge o coração e a emoção de quem passa adiante dela, chamando-o praticamente para entrar e consumir o produto.

Esperamos ter atingido nosso objetivo de apresentar e esclarecer a você, leitor, que, no mundo da comunicação da moda, a cada dia que passa, surgem novas tecnologias para facilitar a forma de divulgar as ideias dos criadores; novas ferramentas de divulgação brotam nas mídias, proporcionando experiências inovadoras que deverão atender aos requisitos estratégicos e de comunicação da marca.

REFERÊNCIAS

AGAMBEN, G. O que é o contemporâneo? *In*: AGAMBEN, G. *O que é o contemporâneo? E outros ensaios*. Chapecó: Argos, 2009.

AMATO, C. P.; DEMETRESCO, S. *Vitrina*: arte ou técnica. São Paulo: Endograf, 2000.

AMORIM, V. F. de. *Desfile de moda*: um espetáculo cênico. 2007. Trabalho de Conclusão de Curso (Graduação em Moda) – Universidade do Estado de Santa Catarina, Florianópolis, 2007.

BHABHA, H. A outra questão: o estereótipo, a discriminação e o discurso do colonialismo. *In*: BHABHA, H. *O local da cultura*. Belo Horizonte: UFMG, 1998.

CALDAS, D. *Observatório de sinais*. São Paulo: Senac, 2005.

CARVALHAL, A. *Moda com propósito*: manifesto pela grande virada. São Paulo: Paralela, 2016.

COBRA, M. O valor percebido pelo consumidor de moda. *In*: COBRA, M. *Marketing & moda*. São Paulo: Senac, 2010, p. 57-66.

COSTA E SILVA, A. *Branding & design*: identidade no varejo. Rio de Janeiro: Rio Books, 2002.

CRANE, D. Moda, identidade e mudança social. *In*: CRANE, D. (org.). *A moda e seu papel social*. São Paulo: Editora Senac São Paulo, 2006. p. 21-63.

CHURCHILL, G. A.; PETER, J. P. *Marketing*: criando valor para os clientes. São Paulo: Saraiva, 2005.

DAL BELLO, L. C; SCOZ, M.; da ROSA, L; SILVEIRA, I.; RECH, S. R. *Moda, imagem e consumo:* editoriais de moda como estratégia de comunicação para marcas. ModaPalavra e-periódico Variata: Florianópolis, 2020.

DEMETRESCO, S. *Vitrina*: teu nome é sedução. São Paulo: Pancrom, 1990.

ERNER, G. *Vítimas da moda?* Como a criamos, por que a seguimos. São Paulo: Senac São Paulo, 2005.

FAÇANHA, A.; MESQUITA, C. *Styling e criação de imagem de moda*. São Paulo: Editora Senac São Paulo, 2018.

FLÜGEL, J. C. *A psicologia das roupas*. São Paulo: Editora Mestre Jou, 1966.

GIDDENS, A. *Modernidade e identidade*. Rio de Janeiro: Zahar, 2002.

HILLER, M. *Branding*: a arte de construir marcas. São Paulo: Editora Trevisan, 2012.

JOFFILY, R. *Jornalismo e produção de moda*. Rio de Janeiro: Nova Fronteira, 1991.

KOTLER, P. *Administração de marketing*. São Paulo: Editora Person, 2012.

LAS CASAS, A. L. *Marketing de varejo*. 2. ed. São Paulo: Atlas, 2000.

LIPOVETSKY, G. *A felicidade paradoxal*: ensaio sobre a sociedade de hiperconsumo. São Paulo: Companhia das Letras, 2007.

LIPOVETSKY, G. *Império do efêmero*: a moda e seu destino nas sociedades modernas. São Paulo: Companhia das Letras, 2009.

MARTINS, J. R. *Branding*: um manual para você criar, gerenciar e avaliar marcas. São Paulo: Negócio Editora, 2000.

MESQUITA, C. *Incômoda moda*: uma escrita sobre roupas e corpos instáveis. 2000. 196 p. Dissertação (Mestrado em Psicologia Clínica) – PUC-SP, São Paulo, 2000.

MORIN, E. *Cultura de massa do século XX*: o espírito do tempo. Rio de Janeiro: Editora Forense Universitária,1987.

PEREIRA FILHO, B. de A. Zeitgeist nas viradas dos séculos XX e XXI. *In*: FAÇANHA, A.; MESQUITA, C. *Styling e criação de imagem de moda*. São Paulo: Editora Senac São Paulo, 2012.

RONCOLETTA, M. R. Nas passarelas, o stylist como co-autor. *dObra[s] – revista da Associação Brasileira de Estudos de Pesquisas em Moda*, [S. l.], v. 2, n. 4, p. 91–98, 2008. DOI: 10.26563/dobras.v2i4.339. Disponível em: https://dobras.emnuvens.com.br/dobras/article/view/339.

SANT'ANNA, M. R. *Teoria de moda*: sociedade, imagem e consumo. Barueri: Estação das Letras, 2007.

SILVA, C.R.M; TESSAROLO, F.M. Influenciadores Digitais e as Redes Sociais Enquanto Plataformas de Mídia. *In: Intercom – Sociedade Brasileira de Estudos Interdisciplinares da Comunicação*. São Paulo, 05 a 09/09/2016

SOLOMON, M. *O comportamento do consumidor*: comprando, possuindo e sendo. Tradução: Lene Belon Ribeiro. 5. ed. Porto Alegre: Bookman, 2002.

SVENDSEN, L. *Moda*: uma filosofia. Rio de Janeiro: Editora Zahar, 2010.

STRUNCK, G. *Como criar identidades visuais para marca de sucesso*. Rio de Janeiro: Rio Books, 2001.

THOMPSON, J. B. *Ideologia e cultura moderna*: teoria social crítica na era dos meios de comunicação de massa. Petrópolis: Editora Vozes, 2011.

CONSIDERAÇÕES FINAIS:
ARREMATE & ACABAMENTO

Olá, querido leitor! Que bom que você chegou até aqui! Esperamos que sua jornada na busca de conhecimento possa ter proporcionado experiências incríveis e esclarecedoras sobre o tema abordado ao longo de todos os capítulos apresentados. Convido a ficar conosco por mais uns instantes, para traçarmos algumas linhas sobre tudo o que foi dito até agora a respeito da nossa primeira indagação em que questionávamos a respeito se moda é comunicação – título utilizado neste livro, que procurou identificar e demonstrar algumas variantes que possam levar o leitor a despertar o interesse nesse tão intrigante e envolvente assunto ao se tratar do universo da moda.

Os apontamentos deste livro procuraram contribuir para uma reflexão a respeito do tema em questão, e principalmente ser uma fonte de pesquisa para todos que querem desfrutar maiores entendimentos com uma leveza de fala e de comunicação. Quando abordamos o tema moda, ainda temos tão poucas referências para pesquisarmos sobre o assunto que qualquer iniciativa já é de grande importância acadêmica e literária. Sendo assim, mais uma vez agradeço à Editora Freitas Bastos a oportunidade de poder contribuir com minhas experiências acadêmicas e profissionais, discorrendo sobre o tema comunicação e moda.

Acredito estarmos dando os primeiros passos na construção de uma nova maneira de entender o quão gratificante e envolvente é a área de moda. Ao produzirmos esta obra, damos a possibilidade a você, querido leitor, de ler e entender o conteúdo; não apenas academicamente falando, por meio de teses de grandes pensadores e pesquisadores, cujos teoremas muitas vezes nos deixam mais confusos e exaustos, mas sim com a leveza de quem viveu e vive atentamente esse mercado tão dinâmico e envolvente. Claro que nos balizamos nesses renomados escritores, mas apenas para fundamentar o que queremos demonstrar, ao longo desses mais de 20 anos atuando tanto no mercado quanto na área acadêmica.

Ao mesmo tempo, sem utilizar de um linguajar que não convence ninguém e muito menos dá autenticidade ao assunto, discorrendo sem fundamentação ou conhecimento, mas sim por apenas achar que determinado tom de voz e de fala vai atrair um número maior de interessados e, assim, poder divulgar mais e melhor o seu suposto conteúdo.

Ao fortalecermos esse pensamento, acreditamos em um futuro promissor, em que se faz cada vez mais necessário pensar sobre a indústria da moda e suas variáveis, pois, somente com um estudo e pesquisa, apoiados pelo ensino constante e convidativo, podemos formar profissionais competitivos e mais exigentes.

Acreditar neste projeto e em nossa competência profissional é tudo o que temos. Precisamos, cada vez mais, alimentar essa crença, melhorar e divulgar o que estamos fazendo e a forma como estamos desenvolvendo e fortalecendo o mercado de moda brasileiro. Sendo assim, a universidade, que deve ser referência em qualidade, está fazendo o seu papel: formar profissionais e participar ativamente do processo de desenvolvimento intelectual e econômico do país.